Menuhin
Unterwegs

Yehudi Menuhin

Unterwegs

Erinnerungen 1976–1995

Aus dem Englischen
von Inge Leipold

Piper
München Zürich

Unter Mitarbeit von Anne Chisholm

Der Originaltext von »Unterwegs – Erinnerungen 1976–1995«
findet sich in der erweiterten Neuausgabe der Autobiographie
Yehudi Menuhins, die 1996 unter dem Titel »Unfinished
Journey« im Verlag Methuen, London, erscheint.

Die 1976 erschienene Erstausgabe der Autobiographie liegt
unter dem Titel »Unvollendete Reise« im Piper Verlag vor
(8. Auflage 1991).

ISBN 3-492-03846-8
2. Auflage 1996
© Yehudi Menuhin / Sym Music Company 1996
Deutsche Ausgabe:
© R. Piper GmbH & Co. KG, München 1996
Gesetzt aus der Garamond
Satz: Uwe Steffen, München
Druck und Bindung: Kösel, Kempten
Printed in Germany

Inhalt

Vorwort

Als ich im Herbst 1994 mit dem Royal Philharmonic Orchestra auf Tournee durch Südamerika war, überlegte ich mir, wie ich die Geschichte meines Lebens auf den neuesten Stand bringen könnte, und warf einen Blick in jenes Buch, das ich fast zwanzig Jahre zuvor geschrieben hatte, die *Unvollendete Reise**. Offenbar träumte ich damals von einem anderen Lebensrhythmus, einem Leben ohne Verpflichtungen, einem Leben, in dem es mir endlich gelänge, in schönen Gegenden zu verweilen, anstatt zum nächsten Auftritt zu hasten, mehr Zeit im Kreis meiner Familie zu verbringen, mit meinen Freunden zusammenzusitzen und lange Gespräche mit ihnen zu führen, ohne auf die Uhr zu sehen. Doch wenn ich jetzt, da mein achtzigster Geburtstag bevorsteht, zurückblicke, sehe ich klar und deutlich, es ist immer noch ein Traum. Und ich vermute, meine geliebte Diana argwöhnt ebenfalls, daß er wohl nie wahr wird.

Wer weiß, ob mir das nicht so bestimmt war? In den letzten zwanzig Jahren hat sich die Gangart meines Lebens nicht verlangsamt, meine Reisen sind kaum seltener und meine Verpflichtungen eher mehr denn weniger geworden. Die Musik steht natürlich nach wie vor im Mittelpunkt all meines Tuns; allerdings war sie für mich stets mehr als die Gesamtheit des Geigenrepertoires. Zwar spiele ich die Violine nun seltener als früher, aber es gelang mir, meine mu-

---

* Yehudi Menuhin, *Unvollendete Reise. Lebenserinnerungen.* München: Piper 1976.

7

sikalische Ausdrucksfähigkeit in größerem Rahmen zur Geltung zu bringen. Immer habe ich mir gewünscht, etwas von dem, was ich in meinem von Anfang an aktiv der Musik gewidmeten Leben gelernt und woran ich mich erfreut habe, anderen, insbesondere den Jüngeren, zu vermitteln, und während ich einerseits erlebe, wie meine Schule, das Festival und die Akademie von Gstaad sich weiter entfalten, habe ich andererseits weitere musikpädagogische Projekte in Gang setzen können, die mir sehr viel bedeuten. Darüber hinaus konnte ich auf viele Dinge Zeit und Gedanken verwenden, die mir sehr am Herzen liegen; sie alle haben etwas mit dem Kampf zu tun, dessen Anliegen die Linderung menschlichen Elends, die Mehrung des Glücks und der Erfüllung der Menschen und das Streben sind, den Sprachlosen eine Stimme zu verleihen.

In den folgenden vier Kapiteln unternehme ich gar nicht erst den Versuch einer chronologischen Aufzählung meiner Reisen als Musiker oder einer detaillierten Bestandsaufnahme der beträchtlichen Leistungen meiner Schüler in den letzten zwanzig Jahren. Zwar habe ich mich bemüht, die wichtigsten Ereignisse in meinem privaten wie auch beruflichen und öffentlichen Leben mit einzubeziehen, aber ich habe mir auch, in meinem mittlerweile ehrwürdigen Alter, ein wenig Raum für Gedanken über einige der uns alle bedrängenden Probleme und ihre Folgen zugestanden. Ich genieße das Alter; nie zuvor habe ich eine so erfüllte Zeit erlebt wie jetzt. Ich hoffe und vertraue darauf, daß das Leben mir weiterhin eine Bühne bieten wird, die meiner jeweiligen Verfassung angemessen ist, wie immer diese auch aussehen mag.

Und auch jetzt, zwanzig Jahre später, steht mir Diana als mein Alter ego, als zuverlässige und begeisterte Lebensgefährtin zur Seite. Sie ist klug und läßt mich an ihrer Klugheit teilhaben, sie ist loyal und begeisterungsfähig.

Ihre unermüdliche Hilfe und Unterstützung und ihr Rat erstrecken sich auf immer mehr Interessen und Unternehmungen, und mit diesen ergänzenden Kapiteln zur *Unvollendeten Reise*, die wohl nie vollendet sein wird, ist sie, indem sie meinen Text – wie immer kritisch – verbessert, verfeinert und aufgelockert hat, auf ganz selbstverständliche Weise zu einem Teil dieses Buches geworden.

Liebe wird im Lauf der Jahre immer umfassender, verständnisvoller und achtungsvoller. Unvermeidlich läßt die Zeit alle Unvollkommenheiten und Schwächen zutage treten (ich spreche von mir selber), und das Alter bringt zunehmend Beschwerden mit sich, die neue Herausforderungen an Geist, Mut und Charakter darstellen. Diana hat diese Herausforderungen bestanden und sich eine Schönheit bewahrt, die ein inneres Erleben von Leid und Schmerz offenbart, das ihrer Erscheinung und Gegenwärtigkeit eine noch tiefere Beseeltheit verleiht.

Ich liebe sie mehr denn je. Wo auch immer man sie 1995 auf den Flughäfen von San Francisco bis Buenos Aires, von Kapstadt bis Tokio, von Sankt Petersburg bis Berlin und Wien antraf, ganz zu schweigen von Heathrow (immer die letzte Station, ehe wir nach Hause kommen), sie verwandelte einen Rollstuhl (nur für jene endlos langen Korridore) in einen dahingleitenden Thron – wenn jemand eine Königin ist, dann sie. Kleopatra hätte ihr nicht das Wasser reichen können. Ist es da verwunderlich, wenn fort-

9

während neue Wurzeln und Zweige – und selbstverständlich auch Blüten – aus dem älter werdenden Baum der Liebe sprießen?

In der unendlichen Dankbarkeit, die ich ihr, meiner Diana, schulde, schreibe ich diese Zeilen.

Yehudi Menuhin

Vorbemerkung zu den letzten zwanzig Jahren

Mit schwererer Hand als vor etwa zwanzig Jahren setze ich meine nach wie vor *Unvollendete Reise* fort – zwanzig Jahre, in denen ich mir der Landschaft und meiner selbst, der ich sie durchstreife, klarer bewußt geworden bin. Diese Landschaft ist auf unheilvolle Weise bedrohlich geworden – ein Alptraum von Grausamkeit, blinder Gewalt, ein erbarmungsloses Aufgehen des Individuums in der Masse, eine zum Himmel schreiende Verweigerung der Erfüllung der lebensnotwendigen Bedürfnisse von Leib und Seele, Verstand und Geist – eine zunehmend ausgedörrte und verwüstete Landschaft, aus der nur noch die Stümpfe einst vielversprechender Bäume aufragen und die bedeckt ist von den verstreuten Gebeinen ausgelöschter und aussterbender Arten, nackte Erde, durchlöchert von den ausgemeißelten Spuren des Wassers und Lebens und von Zeit zu Zeit immer noch Ameisenhaufen unnachgiebigen, geistlosen, gottlosen (denn nichts ist heilig) Strebens ohne Sinn für das, was darüber hinausgeht. Was den Reisenden betrifft, ihn beschirmten Liebe, Vertrauen, seine Musik, seine Kunst und sein Geschick, das Gepäck der Vergangenheit, das er mit sich trägt – ein Gemisch aus Inspiration, Anregung und Erfahrung, das er seiner geliebten Frau und seinen Eltern, Lehrern, Kindern und Freunden, den Jungen und den Alten, den schöpferischen Menschen, Komponisten, Schriftstellern, Malern, Schauspielern, Philosophen, Staatsmännern und Tausenden guter, unschuldiger einfacher

Leute verdankt. Er ist mit hinreichend Gesundheit, Ausgeglichenheit und Beweglichkeit des Geistes und des Körpers gesegnet, und viele ihm Ergebene helfen ihm, seine Reise noch eine Weile fortzusetzen; und er hat auch das Leitmotiv seines Lebens erkannt: den Sprachlosen eine Stimme zu verleihen.

Der stummen Geige muß er Töne entlocken, Partituren zum klingenden Leben bringen, menschlichen Wesen, die er kennt, zum Ausdruck verhelfen – Schülern, Kindern und dem unendlichen Heer der leidenden Menschen, bedroht und verwirrt durch die Verweigerung elementarer Rechte wie Luft, Wasser und Raum zur kreativen Entfaltung ihrer Persönlichkeit. Diese aufgesplitterte Gemeinschaft ist das Opfer von Ausbeutern geworden, sie ist zur Sklavin derer geworden, die mit Wirklichkeitsflucht, primitiven Befriedigungen, leeren Heilsversprechungen, Vorurteilen, Rachegefühlen, ganz zu schweigen von Drogen und den »sieben Todsünden« (die zurückhaltend genossen so köstlich sind) hausieren gehen und der Auflösung der politischen, gesellschaftlichen und physischen Einheit einen fruchtbaren Boden bereiten. Wir scheinen an Mammon gekettet zu sein und uns entweder als Konsumenten beim Einkaufen von irgend etwas oder andererseits als Beherrscher der Käufer, denen ansonsten die Befriedigung ihrer Grundbedürfnisse – abgesehen von dem unentrinnbaren Zwang, Geld anzuhäufen – verweigert wird, am wohlsten zu fühlen.

Sie und das System, das den Geldfluß kontrolliert, haben – fast, aber nicht ganz – auf wirkungsvolle Weise jeden Bereich ausgegrenzt, der von diesem von außen auferlegten und nur in begrenztem Maße nützlichen Zwang unabhängig bleiben könnte.

Doch kann man Vertrauen und Hingabe, kann man Mitleid und Zuneigung wirklich kaufen? Können unsere zahlreichen Rechtsanwälte und Bürokraten gute Manieren, Höflichkeit, aufrichtige Achtung, die Gefühle von Zärtlichkeit und rücksichtsvolles Verhalten verfügen? Können unsere Politiker irgend etwas anderes leisten als eine »Verteidigung« der Grenzen, das heißt Krieg; den »Schutz« von Interessengruppen oder die Ermutigung zu territorialem und finanziellem Vormachtsstreben, zum Streben nach Herrschaft und Kontrolle?

Derlei Überlegungen ließen in mir bestimmte Ideen heranreifen, die schließlich zu genau umrissenen Projekten wurden. Um diese zu befördern, gründete ich unter der Bezeichnung *International Yehudi Menuhin Foundation* in Brüssel eine bescheidene Stiftung, die eine Schirmorganisation für alle meine vergangenen, gegenwärtigen und zukünftigen Projekte darstellt. Von meinen Musikschulen, der *Yehudi Menuhin School* und der *International Menuhin Music Academy* in Gstaad, von *Live Music Now* (LMN) und der *European String Teachers Association* (ESTA), hat der Leser vermutlich schon gehört. Der Grund dafür, daß ich Brüssel und Straßburg nenne, ist, daß diese beiden Städte, als Sitz der Europäischen Union beziehungsweise des Europäischen Parlaments und des Europarats, für meine internationalen Zielsetzungen ideal geeignet sind.

Ich habe drei neue Projekte im Sinn, die im Mittelpunkt der Rede standen, die ich am 27. September 1995 vor dem Europäischen Parlament hielt, dem die fünfzehn Mitgliedsstaaten der Europäischen Union angehören. Auch andere Projekte verfolge ich, und einige bereite ich vor. Die Welt befindet sich an einem gefährlichen Kreuzweg. Zum ersten Mal müssen wir auf zwei Straßen gleichzeitig fahren, von denen die eine Rücksicht auf die andere nehmen muß, die ein Gleichgewicht bewahren müssen, aufeinander angewiesen sind, aber getrennt verlaufen. Die eine Straße führt zu einer immer größeren, umfassenderen Einheit – in Richtung einer globalen Gemeinschaft der Nationen –, die andere zum einzelnen Menschen mit seiner oder ihrer Kultur, seinen täglichen Bedürfnissen, seiner Würde, seinen Hoffnungen und Ängsten. Der »souveräne« Staat ist jedoch ein schlechter Sachwalter von Völkern und Kulturen. Daher ist ein direkter Dialog zwischen Kulturen – jede erkennbar an der jeweils unterschiedlichen Tradition, dem Dialekt oder der Sprache, der Religion, den Gebräuchen – oder sogar zeitweiligen Gruppierungen wie Einwanderungskulturen oder Leuten, die unter gleichen Bedingungen leben – die Kulturen der Innenstädte oder Nomaden, wie die Zigeuner –, notwendig, und sie alle bedürfen einer Stimme, die die Aufmerksamkeit der Gemeinschaft der Nationen auf sich zieht. Diese muß sich auf den Schutz und die Verteidigung der Kultur als solcher und der einzelnen Kulturen verpflichten, während diese der Gemeinschaft Loyalität und Unterstützung schulden.

Doch nun, nachdem ich einen Blick in eine äußerst ungewisse Zukunft geworfen habe, möge der Leser zum Rechenschaftsbericht über die letzten zwanzig Jahre, zur Fortsetzung meiner immer noch *Unvollendeten Reise* zurückkehren.

Zur Musik

Vielleicht erinnert der Leser sich an jenen kindlichen – um nicht zu sagen kindischen – Traum meiner frühen Jugend: Frieden würde auf Erden einkehren, wenn ich nur die Bach-Chaconne einigermaßen gut spielen könnte, und zwar in der Sixtinischen Kapelle. So weit ist es nie gekommen, und es besteht, wie uns allen nur zu schmerzlich bewußt ist, kaum Aussicht auf einen wahrhaft weltweiten Frieden. Dennoch habe ich am 7. August 1983 für Seine Heiligkeit, Papst Johannes Paul II., im Innenhof seiner Sommerresidenz in Castel Gandolfo gespielt.

In den Jahren vor diesem denkwürdigen Abend hatte ich mich mit dem damaligen Polnischen Kammerorchester zusammengetan und tiefe Zuneigung zu ihm gefaßt. Wir machen viele Aufnahmen zusammen, und ich habe die Musiker als wirklich geistesverwandte Kollegen schätzen gelernt: unermüdlich, hingebungsvoll und entschlossen, von der Liebe zur Musik und dem aufrichtigen Wunsch beseelt, diesem nach Vollkommenheit strebenden Orchester zu dienen. In aller Bescheidenheit darf ich, als Zeichen der Anerkennung ihres Engagements, unsere Aufzeichnungen wohl zu Recht als Gradmesser dafür werten, wie nahe wir unseren Zielen kamen. Besonders glücklich bin ich über die Einspielung der Mozart-Symphonien und sämtlicher Beethoven-Symphonien, die wir 1994 bei Konzerten in Straßburg aufzeichneten.

Schließlich kam der Tag, an dem mich das Orchester,

das sich nun Sinfonia Varsovia nannte, zu seinem Eröffnungskonzert einlud; das war 1984. Anläßlich meines Gastauftritts hatten sie das Kammerorchester vergrößert, und kaum hatte ich es gehört, geriet ich in arge Versuchung, das von ihrem rastlosen Manager Franciszek Wybranczyk unterbreitete Angebot anzunehmen, ihr ständiger Dirigent zu werden. Die Verlockung war wirklich groß; allerdings hätte die Entscheidung, Stammdirigent eines Orchesters zu werden und damit für einen Großteil der Saison gebunden zu sein, eine Einschränkung jener vielen Vorlieben und Verpflichtungen bedeutet, die ich schon hatte und die irgendwie zu zahlreich geworden waren, um eine so umfassende Bindung an eine Musikervereinigung zu gestatten. Dennoch nahm ich den ehrenvollen Titel eines Ersten Gastdirigenten an.

Es war wirklich inspirierend, soviel Zeit wie möglich mit den Musikern zu verbringen und die tiefe Zufriedenheit zu empfinden, die mir aus unserem gemeinsamen Musizieren erwächst. Die Orchestermitglieder setzen ihren Stolz darein, immer gut vorbereitet zu sein; sie kennen nicht nur die Noten, vielmehr versetzen die ihnen angeborene Musikalität und ihr vollendetes Können sie in die Lage, in jedem Tempo ebenso tiefgründig wie ausdrucksvoll zu spielen. Der Dirigent hat dann nur noch die Aufgabe, dieses geschmeidige Material zu formen und zu gestalten. Sie verschwenden keine Zeit und vergessen nichts; selbst nach einer mehrmonatigen Unterbrechung setzt man bei der letzten Note der letzten Probe wieder ein.

Und so traf ich mit diesem bemerkenswerten polnischen Orchester an einem lauen Sommerabend in den Albanischen Bergen in der Nähe von Rom zusammen, um dem Heiligen Vater, dem ersten polnischen Papst, musikalisch unsere Aufwartung zu machen: ein gefühlsbeladenes, symbolträchtiges Ereignis für alle Ausführenden.

Ich entschied mich für ein sehr ökumenisches Programm. Das Konzert begann mit zwei Concerti von Antonio Vivaldi, dem »roten Priester« – dem Konzert in D-Dur op. 8 Nr. 11 sowie dem in B-Dur op. 8 Nr. 10. Daran schloß sich die herrliche Arie »Erbarme dich, mein Gott« aus der *Matthäuspassion* an, gesungen von der israelischen Altistin Mira Zakai. Als nächstes kamen das Adagio KV 261 und das Rondo KV 373 für Violine und Orchester von Mozart. Wir spielten also Musik aus der Feder des berüchtigt unkonventionellen katholischen Priesters aus Venedig – er war als Musiklehrer in einem Waisenhaus für Mädchen angestellt, dessen Orchester er bei der Aufführung der von ihm eigens für sie geschriebenen Werke dirigierte –, ein Werk des protestantischen Meisters Bach und eines von dem Freimaurer Mozart. Der von Kerzen erleuchtete Raum und die Anwesenheit des Papstes auf seinem erhöhten Thron schufen ein so spürbares emotionales Fluidum zwischen ihm und den Musikern, daß eines jener unauslöschlichen Bilder entstand, die, wie man weiß, sich in Herz und Gedächtnis aller Beteiligten eingraben.

Unmöglich zu beschreiben, wie eindringlich die Mitglieder eines polnischen katholischen Orchesters diesen Augenblick empfanden. Seine Heiligkeit war offensichtlich tief bewegt, ebenso die Musiker und auch ich selbst. Als das Konzert zu Ende war, stieg der Papst von seinem Thron herab, um mit mir zu sprechen und alle Orchestermitglieder zu segnen; sie knieten nieder und küßten ihm die Hand.

*****

Im Verlauf des letzten Jahrzehnts wurde mir bewußt, daß sich der Schwerpunkt meines Interesses merklich vom Geigenspiel zum Dirigieren verlagert hatte. Ich stelle mir diese Entwicklung gerne wie einen Baum vor, der neue Zweige hervorbringt, während die älteren weiterwachsen. Obwohl ich heute nur noch selten in der Öffentlichkeit spiele, wäre es unzutreffend, zu behaupten, ich hätte ganz zu spielen aufgehört. Nach wie vor macht es mir Spaß, zusammen mit meinen Schülern in Konzerten aufzutreten; die notwendige Disziplin des steten Übens und Probens habe ich nie aufgegeben, und mein Geigenkasten ist mir ein treuer, verläßlicher Reisebegleiter geblieben. Von den achtzig Jahren meines Lebens haben wir den größten Teil gemeinsam verbracht, und wir genießen unser Zusammensein sehr. In gewisser Weise empfinde ich die wachsende Zahl meiner Verpflichtungen als Dirigent als ungeheure Befreiung; wenn ich mir allerdings meine alten Aufnahmen anhöre, habe ich immer noch das Gefühl, ich könnte es besser machen, und es würde mich reizen, dies zu versuchen. Dennoch wurde ein Großteil der Energie, die ich früher auf mein regelmäßiges Geigenspiel verwandte, in den letzten Jahren in die Arbeit an großen Orchester- und Opernpartituren, in pädagogische Projekte und mein Interesse am Weltgeschehen investiert. Ich verspüre nicht mehr die Notwendigkeit, meine Phantasie zu zügeln oder das Verlangen, jenseits der Musik etwas für die Menschen zu tun, das früher durch die Pflicht, mich auf den nächsten Auftritt mit der Geige vorzubereiten, unterdrückt wurde. Ich löste mich nur sehr allmählich vom Griffbrett der Geige. In dieser Hinsicht – wie in so mancher anderer – bin ich in die Fußstapfen meines größten Lehrers, Georges Enescos, getreten. Eigentlich war es ja Antal Doráti, der mir, 1942 in Texas, zum ersten Mal die Gelegenheit bot, zu dirigieren. Er drückte mir einen Taktstock in die Hand, schob mich auf die Bühne und erklärte: »Sie werden jetzt die *Meistersinger*-Ouvertüre dirigieren.« Als ich den Taktstock hob, wäre ich angesichts des ohrenbetäubenden Lärms, den diese eine Geste auslöste, beinahe vom Podium gefallen. Irgendwie schaffte ich es, oder das Orchester schaffte es, und Doráti bemerkte: »Na ja, eines Tages werden Sie einen guten Dirigenten abgeben.« In jüngerer Zeit ermutigte mich vor allem Kurt Masur sehr. Dennoch begann ich mit dem Dirigieren nicht, weil man mich dazu drängte; es war ganz einfach eine natürliche Entwicklung. Spielen bereitet einen auf das Dirigieren vor. Ich habe mich einem Musikstück nie ausschließlich als Geiger genähert, denn stets strebte ich musikalische Gültigkeit im Sinne des ganzen Werkes an. Selbstverständlich habe ich keine Ausbildung zum Dirigenten durchlaufen, wie so viele heutzutage; dafür gehe ich, so hoffe ich, an die Aufgabe mit einer gewissen Frische und Unbefangenheit heran, mit dem Bedürfnis, die Musik zu verstehen und ihr gerecht zu werden. Wie Diana immer sagt: Ich lasse mir nichts beibringen; ich kann einfach nichts von außen annehmen, ohne es zu hinterfragen. Es muß aus mir selbst, aus meinem Inneren kommen, erst dann kann ich es mir wirklich zu eigen machen.

Seit der Zeit, in der ich mir mit Hilfe meines getreuen und begabten Lehrers Robert Masters und des Bath Festival Orchestra die Grundregeln des Dirigierens aneignete, konnte ich mit zahlreichen großen Orchestern von Weltrang zusammenarbeiten: jedes Jahr mit den Berliner Philharmonikern, sodann mit verschiedenen französischen Orchestern, diversen Kammerorchestern, mit dem London Symphony Orchestra und insbesondere mit dem Royal Philharmonic Orchestra, dessen Präsident und Erster Gastdirigent zu sein mich mit Freude erfüllt.

Jedes Orchester hat seinen eigenen Charakter; einige, etwa das Royal Philharmonic Orchestra, sind temperamentvoll, heiter und stets zu Späßen aufgelegt, bleiben dabei jedoch immer unglaublich professionell. Wenn wir für die von mir liebevoll als meine Königlichen Philharmoniker bezeichneten Musiker bei ihren regelmäßigen Besuchen jeden Sommer in Gstaad ein Fest veranstalten, dauert das fröhliche und vergnügliche Treiben oft bis weit nach Mitternacht. Dennoch kommen diese erfahrenen, versierten Musiker am nächsten Morgen nie in Katerstimmung zu den Proben. Ich schätze sie alle ungemein und bin immer wieder verblüfft, mit welcher Vitalität sie jeder Situation Herr werden, ob es sich nun um einen Nachtflug oder eine andere Tortur handelt, die mit verspäteter Ankunft einhergeht, wenn sie in wenigen Stunden auftreten müssen.

Im Verlauf einer denkwürdigen Tournee durch die Vereinigten Staaten im Winter 1985 wollten wir von Detroit über das in dichten Nebel gehüllte Chicago nach Ames,

Iowa, fliegen. Unsere große, über hundert Personen zäh-
lende Reisegesellschaft hatte sich in aller Frühe am Detroi-
ter Flughafen eingefunden und schon etliche entnervende
Stunden gewartet, in denen unser Flug wiederholt ange-
kündigt wurde, nur um bald darauf wieder verschoben zu
werden. Die Aussichten auf eine Landeerlaubnis in Chicago änderten sich laufend – ein unheilvolles Vorzeichen.
Da wir noch am selben Abend in Ames ein Konzert geben
sollten, riskierte der Pilot angesichts unserer mißlichen
Lage den Abflug von Detroit, in der Hoffnung, über Chicago würde es bis zu unserer Ankunft aufklaren. Schon zu
dem Zeitpunkt, als wir in Detroit starteten, gab es alarmie-
rende Anzeichen für das Chaos, zu dem die Überlastung
eines Teils des amerikanischen Luftverkehrs führen kann.
Auf dem Flughafen von Detroit drängten sich Passagiere
und Flugzeuge, die vergeblich versuchten, von dort weg-
zukommen, aber keinen Zielort hatten. Als wir uns über
Chicago befanden, stellte sich heraus, daß eine Landung
immer noch nicht möglich war, also flogen wir schicksals-
ergeben nach Detroit zurück. Mittlerweile waren unser
Empfang und die Konzerte um einen Tag verschoben worden. Die Dienstleistungsbetriebe im Flughafen Detroit
waren überfordert; übermüdete, bereits arg mitgenom-
mene potentielle Fluggäste legten sich hin, wo immer sie
ein freies Plätzchen fanden. Mitten in dieses Chaos platz-
ten unsere erschöpften Musiker, für die wir nun Hotel-
betten auftreiben mußten, und das in einer Stadt, in der zu
diesem Zeitpunkt kaum welche zu haben waren. Es sah
ganz danach aus, als müßten die Orchestermitglieder ihren – unfreiwillig – freien Abend und die Nacht zusammen

mit den anderen Zufluchtsuchenden auf dem Fußboden einer Flughafen-Lounge verbringen.

Das Essen warf keine Probleme auf, da keines mehr da war. Ich spürte, daß der sprichwörtliche Geduldsfaden der Musiker zu reißen drohte, und war wild entschlossen, dafür zu sorgen, daß dieser verheerende Tag in guter Stimmung endete. Während jemand anderer sich um Übernachtungsmöglichkeiten kümmerte, raste ich in die Stadt und versuchte eine Stunde lang, eine Art verspätetes Abendessen für die demoralisierte Gesellschaft aufzutreiben – ein eher amüsantes Unterfangen.

Nachgerade wehmütig erinnere ich mich an den Gesichtsausdruck eines unnahbaren Oberkellners, der mich in einem japanischen Restaurant begrüßte. »Einen Tisch für zwei Personen, Sir?« fragte er mit der üblichen Verbeugung. Stammelnd stieß ich die Worte hervor: »Hm, nein. Für hundertzwanzig, bitte.« Er war zu verdattert, um mir weiterhelfen zu können, aber schließlich fanden wir jemanden, der sich bereit erklärte, ein Sortiment von Speis und Trank zusammenzukratzen.

Als die verdrossenen Orchestermitglieder eintrudelten, genügte der Anblick des ersten Imbisses seit ihrem Frühstück in der Morgendämmerung, um ihre müden Lebensgeister wiederzubeleben, und die Party begann. Der Abend erwies sich als die bestmögliche Investition, um den Erfolg der restlichen Tournee sicherzustellen; als wir schließlich und endlich in Ames eintrafen, belohnte das Orchester mich mit einer glanzvollen Aufführung. Hatte ich tatsächlich einen Augenblick lang den Verdacht, daß noch mehr solcher Kalamitäten diese Sportsfreunde veranlassen könnten, sich ein paar weitere Abenteuer zu wünschen, damit etwas Abwechslung in die Monotonie der Wintertournee käme?

Übrigens wurden wir am nächsten Morgen Zeugen einer der außergewöhnlichsten Kreditkartentransaktionen, die ich je erlebt habe. Um nicht über Chicago fliegen zu müssen, heuerten wir ein großes Flugzeug an. Als wir zum Ende der Startbahn rollten, öffnete sich die Tür zum Cockpit, und der Pilot erschien mit einer dieser Kreditkartenboxen mit dem bekannten Druckmechanismus. Damit hatte keiner von uns gerechnet, daß ein Pilot unmittelbar vor dem Abflug mit einem solchen Ding in der Hand auftauchen würde. Er verkündete, er könne nicht starten, ehe nicht ein Kreditkartenbeleg über 20 000 Dollar ausgestellt sei, und fragte nach dem dafür Zuständigen. Die Frage wanderte zusammen mit dem Formular durch die Sitzreihen mit verwirrten Musikern, bis sie bei John Bimson anlangten. John schritt – entweder in seiner Eigenschaft als erster Hornist oder aber als Sprecher des Orchesters (wir bekamen nie heraus, welche es war) – durch den Gang und zog seine Kreditkarte hervor. Obwohl sie schon fast abgelaufen war, und trotz des bescheidenen Kreditrahmens, steckte der Pilot die Karte in den Apparat, betätigte den Mechanismus, gab die Karte und den Quittungsbeleg John, und das Flugzeug befand sich in der Luft, noch ehe John sich wieder hingesetzt hatte. Die ganze Reise über stellten wir alle möglichen Vermutungen darüber an, was wohl mit John passieren würde, wenn sein gewaltiger Betrug aufflöge. Allerdings brauchte er nichts zu befürchten, denn bei unserer Ankunft waren unsere Gastgeber derart erleich-

tert, uns zu sehen, daß sie dem Piloten die fragliche Summe
bar aushändigten und John den belastenden Beleg zerreißen
konnte.

Das großartige London Symphony Orchestra ist vom
Wesen her das genaue Gegenteil und lebt in einer anderen
Welt als das Royal Philharmonic. Es handelt sich dabei um
eine ausgesprochen ernst gestimmte Vereinigung, weniger
zu Scherzen aufgelegt; aber es liegt mir fern, diese Einstellung zu kritisieren. Man braucht nur das LSO in voller
Besetzung spielen zu hören, um zu verstehen, warum es
zu den besten der Welt zählt.

1994 dirigierte ich bei zwei Aufführungen von Beethovens Neunter in Seoul einen koreanischen Chor. Die
Solisten waren ebenfalls Koreaner, und selten hörte ich
jemanden das Werk mit solcher Begeisterung, Leidenschaft und Freude singen, mit einem derart ansteckenden
Gefühl für den Überschwang, den Beethoven empfand
und forderte. Solisten und Chor setzten sich mit unglaub-
licher Meisterschaft und Klarheit dem Orchester gegenüber mühelos durch. Nachdem einige Jahre zuvor mein
werter Freund Sir Peter Ustinov mich in den Genuß einer
Privataufführung der Neunten auf Chinesisch und Ara-
bisch hatte kommen lassen, hegte ich Befürchtungen, was
die Koreaner dem deutschen Text wohl antun würden. Ich
hätte mir keine Sorgen zu machen brauchen, denn gegen
das allgemeine Niveau hinsichtlich Aussprache und Betonung war nichts einzuwenden.

Diese Erfahrung mit den Koreanern mindert keineswegs meine Wertschätzung der phantastischen Chöre in
den baltischen Staaten. Ich genieße das Vorrecht, regel-

mäßig den Litauischen Staatschor und das wunderbare Litauische Kammerorchester zu dirigieren. Schon innerhalb ein und derselben Stadt unterscheiden sich ja die einzelnen Orchester entsprechend dem kulturellen Hintergrund und der jeweiligen Ausbildung. Voller Hochachtung erinnere ich mich der virtuosen russischen Orchester, die ungemein anpassungsfähig sind; an die hervorragenden amerikanischen Orchester, bei denen die Zeit für die Proben auf die Viertelminute genau eingehalten wird. Für sie zählt vor allem Effizienz; sie wollen nicht mehr als unbedingt notwendig mit Proben behelligt werden; andererseits müssen sie bereit sein, jederzeit alles zu spielen, was von ihnen verlangt wird. Das kann sehr wohl funktionieren – beispielsweise beim Philadelphia Orchestra und beim New York Philharmonic Orchestra, bei denen die Proben jeweils zweieinhalb Stunden dauern –, ist jedoch bei jüngeren Orchestern, die unter Umständen soviel Probenzeit wie nur möglich brauchen, eindeutig von Nachteil. Leopold Stokowski gründete das New American Symphony Orchestra auf der sehr vernünftigen Grundlage, jede Gruppe mit einem hervorragenden im Ruhestand lebenden Konzertmeister zu besetzen; alle anderen waren junge Musiker, die für die jeweilige Aufführung engagiert und nicht fest angestellt wurden. Auf diese Weise hielt er sie auf Trab. Aber trotz dieser Vorsichtsmaßnahmen hatte auch dieses Orchester unter den strengen Vorschriften der Gewerkschaften für die zeitliche Begrenzung der Proben zu leiden. Die jungen Musiker hätten mehr Zeit gebraucht; dennoch gelang ihnen eine sehr überzeugende Aufführung von Bartóks *Konzert für Orchester*, das wir zusammen in der renovierten Carnegie Hall spielten. Allerdings hat sich nach meinem Eindruck die Akustik des Konzertsaals durch die Neugestaltung verschlechtert. Ich war mit dem Verhältnis zwischen Streichern und Bläsern nicht zufrieden, bis Stokowski vorschlug, die Bläser rechts und die Streicher links von mir zu plazieren; die Kontrabässe saßen in einer Reihe entlang der Rückwand und die Blechbläser in einiger Entfernung schräg hinter den Holzbläsern. Bei den herrlichen Bläserpassagen, die genau als die wunderschönen Soli herauskamen, als die sie gedacht sind, funktionierte das hervorragend; sie klangen, als kämen sie aus der vordersten Reihe des Orchesters, während doch die Spieler in einem Winkel zum Publikum, aber den Streichern gegenübersaßen.

Obwohl ich mit dieser Vorliebe ziemlich allein dastehe, mag ich die französischen Orchester; vielleicht aus genau den Gründen, aus denen sie nicht sonderlich beliebt sind: wegen ihrer geistigen Unabhängigkeit, ihres Esprits, ihrer phantastischen Konzentrationsfähigkeit. Sicher, man kann mit einem französischen Orchester leicht Schwierigkeiten bekommen, wenn es einem nicht gelingt, das Interesse und die Begeisterung der Musiker zu wecken, denn von ihrem Wesen her sind sie eine undisziplinierte Bande. Allerdings hatte ich nie ernsthafte Probleme mit ihnen und erreichte immer die Reaktion, die ich anstrebte. Wundervolle Konzerte habe ich mit dem Orchestre de Paris erlebt, mit verschiedenen Rundfunkorchestern, dem ausgezeichneten Orchester des großen Musikers und Dirigenten Jean-Claude Casadesus in Lille und mit dem Orchestre de Monte-Carlo unter der Leitung von Lawrence

Foster, einem begeisterten Anhänger von Enescos Musik. Französische Orchester können einem viel geben, und ihre Musiker und Dirigenten sind immer Leute von hoher Intelligenz und großer musikalischer Auffassungsgabe. Die deutschen Orchester sind wiederum anders. Hier läßt sich ein enormer Unterschied zwischen den Orchestern der ehemaligen DDR und denen der Bundesrepublik feststellen. Letztere wurden durch experimentelle Musik beeinflußt und waren aufgeschlossen gegenüber der Kunst der ganzen Welt. Hingegen hört man vom früheren Rundfunk-Sinfonieorchester Berlin eine nahezu ideale Interpretation des Brahms-*Requiems*; die Musiker sind durchdrungen von dem Gefühl, in einer großen Tradition zu stehen, von einem Gefühl der Ehrfurcht, der Würde. Ihr Sinn für die Größe dessen, was sie spielen, ist schier überwältigend. Das gleiche gilt meines Erachtens für das Leipziger Gewandhausorchester und die Dresdner Staatskapelle.

Ein weiteres Orchester, für das ich große Zuneigung empfinde, ist die Philharmonia Hungarica, die nach dem Aufstand von 1956 von einer Gruppe der besten ungarischen Musiker gegründet wurde und in Deutschland Zuflucht und großzügige Unterstützung fand. Ihr wichtigster Förderer und Dirigent wurde Antal Doráti, der mit dem Ensemble alle Haydn-Symphonien einspielte – ein gewaltiges Unternehmen und gleichzeitig eine ausgezeichnete Schulung für ein Orchester, das mit den großen symphonischen Werken von Mozart, Brahms, Mahler und Bartók glänzt. Nach dem Tod Antal Dorátis im Jahre 1991 hatte ich die große Ehre, seine Funktion als Gastdirigent und Ehrenpräsident zu erben. Die Philharmonia Hungarica ist ein wunderbares Orchester, und zusammen haben wir Tourneen durch die erst vor kurzer Zeit befreiten baltischen Staaten, Rußland und die Ukraine wie auch durch die Vereinigten Staaten unternommen. Ich kann voller Überzeugung sagen, kein anderes Orchester spielt Bartóks *Konzert für Orchester* so wie sie.

Mit Antal Doráti war ich mehr als fünfzig Jahre befreundet. Nicht nur drückte er mir als erster einen Taktstock in die Hand; er führte mich auch in Bartóks Musik ein. Doráti war einer jener Vollblutmusiker in der ungarischen Tradition, der eine ungeheure Begabung nicht nur für die Musik, sondern auch für das Schreiben, die Malerei und das Leben als solches hatte. Zudem verfügte er über ein Gedächtnis, um das ich ihn immer beneidete; ich würde auch gerne ein Werk durchlesen und es danach auswendig können, aber ich muß gewissermaßen zuerst die Finessen seines Aufbaus verstehen. Vor allem aber war Doráti ein wunderbarer Freund.

Ich habe festgestellt, wann immer eine originelle Idee Interesse weckt, die Vorstellungskraft beflügelt und die Menschen motiviert, sich anzustrengen, ergibt sich eine Gemeinschaft des Denkens und Fühlens ganz von selbst. Nahezu jede Gruppe von Musikern wird darauf ansprechen. Ein Dirigent, der auf bloßer Richtigkeit besteht, wird bestenfalls eine klare Schwarzweißkonturierung bekommen, aber sonst nichts. In keinem Orchester gibt es auch nur einen einzigen Streicher, der nicht seine Apathie abschüttelt – und sei er noch so mitgenommen, verzagt, entmutigt, niedergeschlagen, traurig oder verzweifelt –, wenn er auf die richtige Weise gefordert wird, seine Apathie abschüttelt und seine menschliche Fähigkeit, zu reagieren, sich auszudrücken und mitzuteilen, einsetzt.

Mit am anregendsten ist es, mit Jugendorchestern zu arbeiten, ob nun mit denen meiner eigenen Schulen, ob mit anderen aus ganz Europa oder mit einer der nicht ganz so großartigen Gruppen aus kleineren Regionen. Mit Sicherheit gilt dies für das Asian Youth Orchestra, das ich zusammen mit Richard Pontzius, dem Musikwissenschaftler und -kritiker aus San Francisco, gegründet habe. Er wurde eines der beliebtesten Mitglieder des Konservatoriums von Schanghai – jenem Ableger der Moskauer Musiktradition.

So seltsam und traurig dies klingt, aber die drei Komponisten, denen die heutigen Aufführungen am wenigsten gerecht werden, sind jene, deren typische Eigenschaften unserer derzeitigen Lebensweise sehr fern sind: Bach, mit seiner selbstlosen Demut und Ehrfurcht vor dem Allumfassenden; Beethoven, ein Gigant jenseits des Verständnisvermögens nahezu aller Sterblichen, mit seiner kompromißlosen Kraft, seiner schroffen, keineswegs einschmeichelnden Art und Weise, mit Musik wie auch mit Menschen umzugehen, sowie – und das ist am tragischsten – Mozart. Nirgendwo in den übervölkerten Großstädten der modernen Welt begegnen wir einem solchen Maß an Liebenswürdigkeit, Ritterlichkeit, zeremonieller Konvention und einer derartigen Fähigkeit, ernste, tragische Gedanken auf derart kultivierte, respektvolle Weise zu vermitteln, wie in Mozarts Werken. Diese Werte wollen gelehrt, gelernt und vermittelt sein, durch das musikalische und das menschliche Vorbild. Sie bleiben nie ohne Widerhall, auch wenn dies oft ein harter Kampf ist.

Sowohl Schubert als auch Schumann hatten in Wilhelm Furtwängler und Dirigenten wie Georges Enesco, Sir Adrian Boult, Eduard van Beinum und Bernard Haitink ihre Verfechter, die in einer großen Tradition standen und stehen. Ich liebe die Art, wie russische Dirigenten, etwa Jewgeni Mrawinski in der Vergangenheit und Gennadi Roschdestwenski heute, mit ihrem Tschaikowski umgehen – sehr ernst, sehr streng und dennoch doppelt so ausdrucksstark wie jene, die mit den Werken auftrumpfen und sie dadurch zerstören. Jascha Heifetz hat, und das ist anerkennenswert, Tschaikowski so gespielt, wie er Beethoven zu spielen pflegte. Aber er hat Beethoven nicht so gespielt, wie er Tschaikowski zu spielen pflegte – was wiederum verdienstvoll ist. Dennoch, selbst im gigantischsten Werk Beethovens schwingt noch eine so überwältigende menschliche Leidenschaft mit, daß sie sich nicht durch Distanz, Zurückhaltung und Gelassenheit ersetzen läßt. Heute treffen so viele Nachahmungen und Kopien auf unsere Ohren und Augen, daß wir kaum mehr zwischen künstlichen und echten Pflanzen unterscheiden können, und für die Musik gilt das gleiche wie für Blumen. Freilich würden wir, wenn wir ein paar Tage mit beiden Arten von Gewächsen zusammenlebten, bald feststellen, daß die künstlichen nicht verfaulen; aber sie leben auch nicht, und allmählich sehnen wir uns nach dem Geruch des Verfalls.

Hätte man mich je vor die Wahl gestellt, ob ich die Laufbahn eines Geigers oder eines Sängers einschlagen will, dann hätte ich mich als kleiner Junge sehr wohl dafür entscheiden können, meinen Lebensunterhalt mit Singen zu verdienen. Meine Vergötterung der menschlichen Stimme reicht bis zu den frühesten Erinnerungen an die jüdisch-chassidischen Lieder meines Vaters zurück, und ich bin heute noch genauso vernarrt in sie wie damals. Daß in der Folge die Geige meine Phantasie fesselte und mein Leben weitgehend beherrschte, hat jedoch auch seine Vorteile, denn mit diesem Instrument kann man sich den spezifischen Qualitäten wie auch der emotionalen Kontrolle annähern, die die Voraussetzung für gutes Singen sind.

Ich bewundere Sänger, und ich begleite sie liebend gern. Eine schöne Stimme mit ihrer Wärme und der Fähigkeit, Gefühle zu vermitteln, hat etwas an sich, das einem Menschen eine zusätzliche Dimension verleiht. Ein- oder zweimal habe ich mich auch in Sopranistinnen verliebt. Als ich das erste Mal auf Tournee durch Amerika reiste – ich war damals zwölf Jahre alt –, verliebte ich mich unsterblich in Elisabeth Rethberg. Sie wußte die Ehre zu schätzen, obwohl sie ungefähr dreißig war. In der Folge wurde der Altersunterschied zwischen mir und meinen Angebeteten allmählich geringer.

Meine erste Oper sah ich zusammen mit unserem Freund Sidney Ehrman, der die ganze Familie nach Paris schickte, mir mein erstes Buch über griechische Mythologie schenkte und mir Schach beibrachte. Als ich ungefähr acht war, nahm er mich in *La Bohème* mit. Aber erst 1932, als ich mit meinem Vater in Salzburg war und wir die wundervolle Erfahrung machten, morgens, nachmittags und abends in jedes Konzert und in jede Oper zu gehen, wurde mir allmählich klar: Mozart hat nie auch nur eine

Note geschrieben, die nicht eine Situation, eine Geste, eine Person, ein Wort – vorzugsweise italienisch – veranschaulicht. Mozart konnte von einem Augenblick zum nächsten musikalisch den Ausdruck wechseln, so wie ein Gespräch von einem Augenblick zum nächsten eine andere Atmosphäre schaffen kann, ob fragend, zustimmend, ungehalten oder was auch immer. Darin bestand das Genie Mozarts: Er war in der Lage, Stimmungsänderungen und Akzentverlagerungen in seiner Musik zum Ausdruck zu bringen, und zwar mit dem kleinstmöglichen Aufwand und ohne zu großartigen Effekten Zuflucht zu nehmen. Er komponierte Musik, damit sie in einem Salon vor kultivierten Zuhörern aufgeführt wurde; sie zu schockieren war nicht seine Absicht. Sie sollten zwar durchaus merken, was da vorging, ob es sich nun um eine Vergewaltigung oder um das Niederbrennen einer Stadt oder um eine unbeschreibliche Grausamkeit handelte; aber das Drama mußte in angemessener Form dargestellt werden. Nie benutzte er das Ereignis als solches, wie es heuzutage so oft geschieht, wenn das Publikum Blut fließen sehen, in den Mittelpunkt des Gemetzels versetzt werden muß. Bei Mozart wird die Gewalt sublimiert, so daß sie zu einem Kunstwerk wird, das ein Eigenleben und seine Berechtigung in sich selbst hat, jedoch weit von dem eigentlichen Ereignis entfernt ist.

Nur mit Hilfe der Interpretation durch die Kunst können wir ein zivilisiertes Leben und die entsprechenden Normen aufrechterhalten. Selbst der sogenannte Primitive, der irgend etwas gemäß seiner Erfahrungswelt gestaltet und es vermitteln will, bedient sich dazu der Kunst.

Er bringt nicht das Blut selbst und kippt es einem vor die Füße. Genau darum geht es in der Kunst, und dazu ist sie da. Wenn wir Leidenschaft nicht über die Kunst zum Ausdruck bringen, äußert sie sich als Zerstörung. Ich glaube, so einfach sind die Regeln in der Tat. Und keinem ist dies vollkommener gelungen als Mozart. Es ist ein ungemein lehrreiches Abenteuer, den Text einer Mozart-Oper mitzuverfolgen und seine gleichzeitige Verkörperung in der Musik zu verstehen, vor allem bei einem italienischen Text. Die Handlung ist in den Rezitativen enthalten. Die Arien sind Paradestücke, in denen nichts geschieht – sie sind lediglich Kommentar durch das Mittel wunderschönen Gesangs. Die großen dramatischen Augenblicke finden hingegen in den Rezitativen statt, die auf ungeheuer dramatische Weise ausgespielt werden müssen. Normalerweise haspelt man sie dreimal so schnell herunter, wie sie eigentlich gedacht sind, und dann besagen sie gar nichts. Bei jeder Mozart-Oper, die ich aufführe, bestehe ich darauf, die Rezitative in voller Länge zu bringen.

Eine der ersten Mozart-Opern, die ich außerhalb Großbritanniens dirigierte, war *La clemenza di Tito*, 1984 in Bonn, und zwar in einer völlig neuen Inszenierung, bei der wir den Luxus eines ganzen Probenmonats genossen. In dieser Zeit konnten wir uns mit allen Einzelheiten der Beleuchtung, des Bühnenbilds und der Kostüme befassen und zahlreiche Orchesterproben abhalten. Schon vorher hatte ich viel Zeit zusammen mit der Regisseurin Maria Francesca Siciliana verbracht. Zu meiner anfänglichen Bestürzung lernte ich mit ihr eine Dame kennen, die das Gegenteil all dessen zu verkörpern schien, was ich am anderen Geschlecht schätze. Sie war eine starke Raucherin, sehr spannungsgeladen, hatte gefärbte Haare und trug Hosen aus Leder. Als ich sie bei der Arbeit sah – sie spielte die Rollen von Grund auf durch –, schienen zumindest die Hosen aus Leder gerechtfertigt. Und schon bald verflüchtigten sich für mich auch die anderen äußeren Attribute; ich bewunderte ihre Arbeit, und wir wurden gute Freunde. Dieser Monat in Bonn, in der Weihnachtszeit 1984, stellte einen wichtigen Schritt in meiner immer enger werdenden Beziehung zur Welt der Oper dar. Es ist hier nicht der Raum, um die Inszenierung in allen Einzelheiten zu schildern, jedenfalls war sie sehr einfallsreich. Die Regisseurin hatte sich dafür entschieden, die Handlung nicht in der Zeit der Römer oder in einer zeitgenössischen Szenerie, sondern in der Zeit der Uraufführung in Prag anzusiedeln.

La clemenza di Tito ist ein erstaunliches Werk, in dem Mozarts unglaubliches dramatisches Geschick Gestalt annimmt. Er stellt haarsträubende Situationen dar, jedoch immer in Dur (in der ganzen Oper kommt kaum Moll vor) und immer auf eine Weise, daß sie in den aristokratischen Salons jener Zeit akzeptabel waren. Mozarts vorrangige moralische Botschaft der hohen Ziele, der Gnade, Weisheit, Versöhnlichkeit und des Mutes in Verbindung mit seinem Witz, seiner Keckheit, Eleganz und seinem tiefen Gefühl für das Tragische machen ihn zum moralischsten aller weltlichen Komponisten.

Ein sehr begabter australischer Pianist, Absolvent des MIT*, entwickelte eine Wissenschaft, die er als »sentic

---

* MIT = Massachusetts Institute of Technology (Anm. d. Ü.).

science«* bezeichnet: Er stellt die Reaktionen eines Individuums auf ein Musikstück mit Hilfe eines Apparats dar, der einer Tastatur für das alte Morsealphabet ähnelt. Das Außergewöhnliche dabei ist, er bekommt charakteristische und ähnliche Muster für verschiedene Arten von Musik. Er fand heraus, daß Gefühle eine richtige Struktur haben und einem natürlichen Ablauf folgen. Man durchläuft die negativen Empfindungen, die bis zu Haß und Zerstörungswut reichen können, sodann Ehrgeiz, Verliebtheit, Liebe und landet schließlich bei heiterer Gelassenheit. Wenn man in die Oper geht oder sich ein Bach-Oratorium anhört, macht man einiges durch. Die Passionsgeschichte Christi läßt einen alle nur denkbaren Gefühle empfinden: Mitleid, Schuld, Reue, Grausamkeit, Verrat, Liebe, Haß. Und am Ende taucht man in einer harmonischen Verfassung wieder auf, denn man hat die Gefühle durchlebt und ausgelebt – eine Art Läuterung. Das ist die Funktion von Kunst, vor allem von Musik, Theater und Oper: uns diese Gefühle erfahren und daraus lernen zu lassen.

Mittlerweile habe ich alle großen Mozart-Opern in meinem ständigen Repertoire, nur den *Figaro* nicht. Ich hoffe, das eines Tages nachholen zu können; schließlich bin ich ja noch ein »junger« Dirigent. Eine Mozart-Oper hat immer eine Moral. Don Giovanni erleidet sein Schicksal nicht, weil er Frauen verführt, sondern weil er mordet; die *Zauberflöte*, mit ihren freimaurerischen Konnotationen, ihren Prüfungen, ist eine Art Initiationszeremonie wie die jüdische Bar-Mizwa; der Beweis für das Erwach-

---

* sentic science = etwa: »Wissenschaft von der Empfindung« (Anm. d. Ü.).

sensein hat normalerweise etwas mit dem Erdulden von Schmerzen zu tun; allerdings handelt es sich in der jüdischen Tradition eher um eine geistige als um eine körperliche Prüfung.

Wenn ich mich mit einer Oper befasse, lese ich zuerst einmal sowohl die Partitur als auch den Text sehr genau, um zu erkennen, wie der Text sich auf die Interpretation der Musik auswirkt: an welcher Stelle die Betonung schwächer wird, wo die Frage und wo die Antwort steht, wo die psychische Komplikation sich andeutet. Es ist wundervoll, Worte als präzisen Wegweiser zur musikalischen Bedeutung nutzen zu können. Als Geiger, als Instrumentalist, ist man sich irgendeines Zusammenhangs mit Persönlichkeiten, Situationen, Ereignissen normalerweise nicht deutlich bewußt. In einer Mozart-Oper ist dies so klar wie nur möglich – und man kehrt um so klüger zur Instrumentalmusik zurück.

Ich suche nach allem, was ich finden kann, das mir den Weg zum richtigen Ausdruck in der Musik weist, ich versuche herauszufinden, was Mozart mit jeder einzelnen Phrase vermitteln wollte. Der Beginn der *Don Giovanni*-Ouvertüre mit seinem schicksalsschweren Rhythmus und der dramatischen Wucht seiner Akkorde will Angst und Schrecken einjagen, und das gelingt auch. Es handelt sich nicht bloß um einen Fortissimoakkord. Wenn man sich jedoch keine Gedanken darüber macht, was die Musik transportiert, kann man es dem Publikum auch nicht vermitteln. Ich halte dies für einen sehr interessanten Aspekt der Aufführungspraxis. Der viel zu jung verstorbene Dirigent Ferenc Fricsay (er wäre Herbert von Karajans große Herausforderung gewesen) war sich dessen in einem Maße bewußt, daß er immer ein Skript für sich selbst vorbereitete, auch bei einer Symphonie, um sich eine spezifische Geschichte zu veranschaulichen und dann zu vermitteln, eine spezifische dramatische Sequenz. Ich habe es selbst einmal mit diesem Ansatz probiert, und zwar als Geiger, ehe ich in Washington das *Poème* von Chausson spielte. Ich beschloß, mit einer bestimmten Vorstellung zu spielen, wie ich dem Publikum eine Stimmung vermitteln wollte – ein Gefühl von Spannung oder Furcht –, und mein Vortrag zeitigte eine doppelt so große Wirkung wie sonst. Vielleicht habe ich einfach besser gespielt, aber die Tatsache bleibt bestehen: Das Ausschlaggebende war, daß ich ganz klar eine bestimmte Stimmung jenseits der Noten im Sinn hatte.

*****

Eine der beständigsten Freuden in meinem musikalischen Leben war es immer, daß ich das große Glück hatte, von Kind auf zusammen mit meinen Angehörigen musizieren zu können. Bis zu ihrem vorzeitigen Tod 1981 spielte ich regelmäßig mit meiner ungemein begabten Schwester Hephzibah; auch mit meiner Schwester Yaltah musizierte ich, wenn auch nicht so oft, aber immer schätzte ich dabei ihre Musikalität und poetische Ausdruckskraft. In den letzten Jahren war es sehr lohnend und erfreulich für mich, mit meinem Sohn Jeremy, der Pianist ist, zusammenzuarbeiten. Mit ihm verbringe ich mehr Zeit als mit meinen anderen Kindern, da wir lange Gespräche über Musik führen. Natürlich habe ich mich oft gefragt, ob die Tatsache, daß er meinen Namen trägt, ihm eine Hilfe oder eine Bürde war; mit Sicherheit war es wichtig für uns beide, daß er als Pianist Erfolg hatte, und zwar unabhängig von mir. Meiner Ansicht nach – auch wenn man die väterliche Voreingenommenheit mit in Betracht zieht – ist er einfach der geborene Musiker. Im Lauf der Jahre haben wir zusammen wunderbare Werke gespielt: Mozart, Schubert, Beethoven, Bartók, Debussy. Er ist ein wahrer Perfektionist, der sehr hohe Anforderungen an sich selbst stellt. 1994 war er zusammen mit uns in Straßburg, wo wir mit der Sinfonia Varsovia sämtliche Beethoven-Symphonien einspielten. Wir nahmen auch das fünfte Klavierkonzert in unser Programm auf, und Jeremy spielte es meiner Ansicht nach wunderschön; ich hielt sein Spiel für vollkommen, aber er wies das zurück, weil es in seinen Augen nicht gut genug gewesen war. Er ist außergewöhnlich integer, was gelegentlich etwas unbequem sein kann, aber ich bewundere seine kompromißlose Einstellung sehr.

Noch heute kommt er, wenn er neue Werke spielen soll – nicht immer, aber oft – zu mir, und wir gehen sie zusammen durch. Ich hoffe, daß ich ihm etwas vermitteln kann, das er selbst vielleicht nicht entdeckt hätte. Es kommt durchaus vor, daß wir streiten und nicht einer Meinung sind, aber das ist nicht so sehr eine Frage der Kritik als vielmehr ein Prozeß des Entdeckens. Unsere kontinuierliche musikalische Zusammenarbeit war für mich immer eine Quelle der Freude, und ich hoffe, für ihn auch.

Mein Leben lang hat mich der Osten angezogen, unwiderstehlich, wie ein Magnet. Seit meinem letzten Buch haben meine Begeisterung für Indien und meine Leidenschaft für die indische Kultur und Musik keineswegs nachgelassen, sich vielmehr vertieft. Und jenseits liegt noch ein weiteres uraltes Land mit einer großartigen Kultur, das ich schon immer besuchen und kennenlernen wollte. Die erste Einladung zu einem Besuch in China erhielt ich in den fünfziger Jahren, und zwar durch Vermittlung des französischen Schriftstellers und Kulturministers André Malraux und zu einer Zeit, als er es als nahezu einziger westlicher Staatsmann fertigbrachte, freundschaftliche Beziehungen zu diesem Land zu unterhalten. Ich machte damals den Fehler, die amerikanische Regierung zu fragen, ob man meine Reise nach China gutheiße. Die Antwort war ein klares Nein, und das verzögerte das Unternehmen um etwa zwei Jahrzehnte. Seit der Geburt meines ältesten, halb chinesischen Enkels Lin verspürte ich eine starke natürliche Verbundenheit mit dem Land seiner Vorfahren und träumte weiterhin von einer Reise nach China.

Daher waren Diana und ich ganz besonders aufgeregt, als wir 1979 auf Einladung der chinesischen Regierung in Peking eintrafen. Das Wetter war kalt und der Himmel klar, und die Leute schienen weit eher geneigt, einem Fremden zuzulächeln, als die Bürger Moskaus zu jener Zeit. Die Ministerien für Erziehung und Kultur organisierten eine Reihe von Banketten und Konzerten für uns. Der Zeitpunkt meines Besuchs war glücklich gewählt; er fiel in jene segensreiche Epoche nach den Schrecken der Kulturrevolution, als westliche Musik nicht mehr heimlich gespielt werden mußte. Beethoven und Vivaldi hatten die Ächtung einfach deswegen überlebt, weil man sie im Freien gespielt hatte, in Gärten und auf den Feldern, und weil Tenöre die großen Opernarien unter raunenden Akazien gesungen hatten.

Während jenes ersten Besuchs gab ich zwar selbst einige Konzerte, wollte jedoch vor allem das hervorragende Pekinger Konservatorium kennenlernen, das nach zehn Jahren der Repressalien erst vor kurzem wiedereröffnet worden war und das mit seinem Pendant in Schanghai zu den großen Konservatorien der Welt zählt. Außerdem wollte ich mehr über die chinesische Volksmusik erfahren. Dank meiner großzügigen und tüchtigen Kollegen in Peking erfüllten sich beide Wünsche. Bald nach meiner Ankunft in China fielen mir die wunderbare Lernfähigkeit dieses Volkes auf sowie seine Gabe, dieses Lernen zu organisieren. Das Konservatorium arrangierte für mich Zusammenkünfte im dortigen Konzertsaal, wo ich, mit dem allgegenwärtigen Übersetzer an meiner Seite und mit Unmengen des unvermeidlichen köstlichen Tees versorgt, an einem Holztisch saß und Geigern aus allen Gegenden Chinas, allen Altersgruppen und jeder Gestalt und Größe lauschte, während auf der anderen Seite des Podiums Geigenlehrer aus ganz China, von Greisen mit langen weißen Bärten bis hin zu grimmig dreinblickenden jungen Männern mit geschorenen Köpfen, Platz nahmen. Das offizielle Musikleben dort ist bestimmt durch ein stark organisiertes Auslesesystem mit regionalen und nationalen Wettbewerben, und zwar für Lehrer und Studenten, so daß die größten Talente aus ganz China versammelt waren. Ich fand die Musiker bemerkenswert gut vorbereitet, vom Interpretatorischen her jedoch unreif, was angesichts der Tatsache, daß sie so lange Zeit von der übrigen musikalischen Welt abgeschnitten waren, nicht verwunderlich schien. Als Ausgleich fand sich jedoch bei ihnen allen ein ausgeprägter Sinn für brüderliche Verbundenheit, der sich in den Jahren der Unterdrückung herausgebildet hatte, in denen sie nur heimlich üben konnten und ins Gefängnis wanderten, wenn man sie erwischte. Tatsächlich entschuldigte sich der Leiter des Pekinger Orchesters, ein äußerst begabter und bemerkenswerter Mann, für gewisse technische Schwächen, die die Folge von zehn Jahren Haft waren: Man hatte ihn verurteilt, weil er gewagt hatte, in aller Öffentlichkeit seine Begeisterung für westliche Musik zu bekunden. Mehrere Tage lang saß ich in dem von aufstrebenden Geigern bevölkerten großen Saal, hörte zu und gab Ratschläge; alle meine Kommentare wurden gewissenhaft niedergeschrieben – zweifelsohne mit mehr Respekt, als sie verdienten.

Für meine neuen Freunde am Konservatorium war es ganz einfach und natürlich, mich mit den typisch chinesischen Instrumenten bekannt zu machen, denn sie hatten sich klugerweise dafür entschieden, nur die Hälfte ihrer Zeit und Mittel für das Studium westlicher Musik und Musikausübung zu verwenden und nach wie vor die Techniken der einheimischen Tradition weiterzuentwickeln; genauso verfuhren sie übrigens in der Medizin. Diana und ich hörten etliche bemerkenswerte, hinreißende Aufführungen chinesischer Musik, denn ihre Instrumente sind nicht nur faszinierend, sondern musikalisch und emotional dramatisch. Besonders stolz waren sie darauf, vor kurzem das Klangvolumen einiger Instrumente erweitert zu haben, indem sie sie vergrößert hatten; der Klang vor allem der Blasinstrumente wurde dadurch noch durchdringender. Als ich eine Bemerkung zu einem Blasinstrument fallen ließ, das besonders aggressiv und schrill klang, erklärten sie schlicht:»Ohne diese Musik hätten wir die Japaner nie geschlagen.« Das erinnerte mich daran, wie die Türken im 15. Jahrhundert gegen das Abendland Krieg geführt hatten und zum Entsetzen der westlichen Armeen mit kreischenden Pfeifen, die einen furchteinflößenden Lärm erzeugten, in die Schlacht gezogen waren.

Leider machte der Zeitdruck es uns unmöglich, ausgedehnte Fahrten in die ländlichen Gegenden zu unternehmen, aber zumindest konnten wir uns, als wir einige Konservatorien in den Provinzen besuchten, auch etliche andere Städte und Landschaften ansehen. Unter anderem zeigte man uns die Ausgrabungen in Xian, wo Archäologen kurz vorher jene außergewöhnlichen lebensgroßen Tonfiguren entdeckt hatten, die eine Vorstellung vom Leben in dieser Gegend vor etlichen tausend Jahren vermitteln – die erstaunliche Entdeckung einer großartigen alten Kultur. Die vielleicht größte Überraschung auf musikalischem Gebiet erlebte ich in Peking, wo Archäologen kurz vor meinem Besuch aus einer antiken Grabstätte eine ganze Reihe von Glocken geborgen hatten. Sie stammten aus der Zeit des Pythagoras, und ich stellte zu meiner Überraschung fest, daß die Chinesen allem Anschein nach bereits damals völlig eigenständig das von uns so bezeichnete pythagoreische Komma, die temperierte Zwölftonreihe und die chromatische Zwölftonreihe entdeckt hatten.

Weltweit basiert ein Großteil aller Musik auf dem stärksten Intervall, der reinen Quinte. Sie fungiert als vollkommenes Maß, wie die Parallaxe für die Augen. Die Quinte dient dem gleichen Zweck; in bezug auf sie ist auch noch das winzigste Intervall zu erkennen. Die indische Musik geht – wie viele anderen Formen von Musik auch – nicht von der Harmonik aus, vielmehr bezieht sich das Spiel des Musikers immer auf die reine Quinte; dies ermöglicht ein Auskosten auch noch der kleinsten Tonunterschiede, was uns nicht möglich ist, da wir die reine Quinte als Maßstab verzerrt haben, um der Harmonik Genüge zu tun. Die Intervalle schreiten fort, wobei jeder Rundgang von jeweils zwölf nicht kreisförmig zum Ausgangston zurückkehrt, sondern als Spirale – mit Sicherheit das natürlichere Phänomen. So wie die Natur, die zwar eine Einheit, aber sehr vielfältig ist, nichts zulassen kann, das in sich so vollkommen und unwandelbar ist wie etwa ein »vollkommener Kreis«, so können wir in der Harmonik die reine Quinte nicht ertragen. Das pythagoreische Komma ist einfach das Maß des Abstands oder der Entfernung zwischen den Spiralwindungen eines gegebenen Kreises – und entspricht im wesentlichen der mathematischen Binsenweisheit, daß der erste Ton des Quintenzirkels und der annähernd gleiche Ton, den wir nach 3^{12} erreichen, nicht der gleiche ist wie bei 2^{12}. Aus diesem Grund ist der letzte Ton des Quintenzirkels im Verhältnis zur Oktave in der temperierten Stimmung etwas niedriger. Jede Quinte muß daher um ein Zwölftel dieser Differenz verändert werden. Diese Differenz bezeichnet man als das pythagoreische Komma.

So bringt die reine Quinte letztendlich Quinten hervor, die in bezug auf den Grundton »falsch« klingen; nicht falsch vom mathematischen Standpunkt aus, sondern für das Ohr. Die Verteilung des pythagoreischen Kommas über zwölf Quinten ist eine Angleichung, die uns den Übergang in eine andere Tonart ermöglicht, ohne daß es fürchterlich falsch klingt. Auf diese Weise hat die westliche Welt die Harmonik entdeckt; in anderen Kulturen existiert sie nicht.

Das uralte chinesische Glockenspiel, das man mir in Peking zeigte, hatte zwölf Glocken für jede Oktave, alle auf Hochglanz poliert und wunderbar erhalten, von der größten, die nur mit Klötzen in Schwingungen versetzt werden konnte, bis zur allerkleinsten. Eine jede klang vollkommen rein. Um den äußeren Rand zogen sich dreidimensionale Figuren, die die Lebensweise der Menschen veranschaulichten, die sie gegossen hatten: welche Fuhrwerke sie benutzt, wie sie Korn gedroschen haben, alle möglichen Tätigkeiten. Diese Figuren müssen zusammen mit den Glocken aus einem außergewöhnlichen Metall gegossen worden sein, das seinen Glanz nicht verloren hat. Normalerweise haben Glocken Obertöne, die sie verstimmt klingen lassen, aber die Chinesen wußten offenbar, wie man sehr hohe Frequenzen modifiziert oder ausschaltet, denn die Glocken klangen rein. Und jede Skala hatte zwölf Töne, durch alle sieben Oktaven hindurch.

Die chinesische Musik ist pentatonisch, sie verwendet lediglich fünf Töne. Die pentatonische Tonleiter ist die unemotionalste, nüchternste, die man sich vorstellen kann, denn sie kennt keine Dissonanzen; sie ist bezaubernd, getragen, angenehm und weckt keinerlei Gefühle. Ich kann mir das nur so vorstellen: Angesichts des Wissens, über das man in China vor etwa drei Jahrtausenden verfügte, um die

Zeit von Pythagoras also, der den Grundstein für die Schaffung der Harmonik fünfzehnhundert Jahre später legte, muß irgendein chinesischer Kaiser entschieden haben, die pentatonische Skala solle der offiziellen Musik vorbehalten bleiben. Schließlich war auch Plato zu dem Schluß gekommen, gewisse Tonleitern weckten zu heftige Gefühle und sollten daher verboten werden. In China entging, gemäß meiner Theorie, lediglich die Volksmusik diesem Diktum, was meiner Ansicht nach zur Folge hatte, daß die Volksmusik Chinas die kraftvollere und interessantere Musik ist.

Meinen zweiten Besuch stattete ich China im September 1982 ab. Wieder begleitete mich Diana, und wir flogen von San Francisco aus nach Peking. Diesmal nahmen wir etwas mehr als fünfzig Studenten aus meinen Schulen, der in Stoke d'Abernon und der in Gstaad, auf den von der Swissair gestifteten Flug mit; für sie war dies eine wundervolle Erfahrung. Sie bestritten eine Menge Konzerte und fanden großen Anklang beim chinesischen Publikum. Wieder trat ich in drei Funktionen auf: als Lehrer und Dirigent der Studenten, als Vorsitzender des International Music Council der UNESCO und als Abgesandter des Abendlandes. Auch meinen zur Hälfte chinesischen Enkelsohn Lin nahmen wir mit; er war damals achtzehn, und wir richteten es so ein, daß er noch länger bleiben und ein Jahr in Peking studieren konnte.

Mit den Lehrern an den Konservatorien von Peking und Schanghai erhielt ich den Kontakt aufrecht, und es erfüllt mich mit Stolz, Honorarprofessor des Pekinger Konservatoriums zu sein. Sie schicken mir Studenten, die an meinen Wettbewerben teilnehmen. Zu Beginn gelang es ihnen nicht, in die Endausscheidungen zu kommen, was einigermaßen verständlich ist, da sie nie Kammermusik gespielt hatten. Ich erinnere mich, daß sie das erste Mal, als sie Anfang der achtziger Jahre an einem solchen Wettbewerb teilnahmen und dabei nicht sehr weit kamen, erklärten: »Das ist schon in Ordnung; wir sind hierhergekommen, um zu lernen, nicht um zu gewinnen.« Und sie lernten zweifellos sehr schnell. In jenem ersten Jahr nahmen zwei chinesische Quartette teil. Das eine bestand aus Jungen, das andere aus Mädchen; gemischte waren noch nicht zugelassen. Im nächsten Jahr schnitten sie schon besser ab und schafften es fast, unter die ersten sechs zu kommen. Doch im dritten Jahr, als sie ein gemischtes Quartett mit einer wunderbaren Cellistin schickten, spielten sie wirklich gut. Ihr Spiel war nicht mehr rein technisch; sie hatten hinsichtlich Interpretation und Stil und Gefühl riesige Fortschritte gemacht.

Wettbewerbe stehen zunehmend im Mittelpunkt des Lebens junger Musiker, und es war mir immer ein Anliegen, daß der Drang, sich mit anderen zu messen – bei begabten Studenten etwas ganz Natürliches –, nicht auf Kosten der Zusammenarbeit und der Kreativität überhand nimmt. Mitte der siebziger Jahre trat die Stadt Portsmouth mit dem Vorschlag an mich heran, dort einen Geigenwettbewerb ins Leben zu rufen. Mein Rat lautete, einen Wettbewerb für Streichquartette – etwas, das ich schon seit langem anstrebte – einzurichten, da es meiner Ansicht nach bereits genügend solcher Veranstaltungen für Solisten gab und es wohl schwierig wäre, mit den fest etablierten in Moskau, New York und Brüssel zu konkurrieren. Zu meiner großen Freude machte der damalige Bürgermeister von Portsmouth, Richard Soltnik, seinen Einfluß in vollem Maße geltend, und man griff meinen Vorschlag auf. Im Rahmen des Internationalen Streichquartett-Wettbewerbs, der 1977 in Portsmouth begründet wurde und mittlerweile in London abgehalten wird, fanden etliche bemerkenswerte Aufführungen statt, aus denen einige der besten Quartette der letzten Jahre hervorgingen.

Nach den vielen Wettbewerben zu urteilen, die ich heutzutage in London, Paris, Folkestone und Brüssel erlebe, scheinen die Kandidaten offenbar lauter und schneller zu spielen denn je: Es sieht so aus, als ob unser Unterricht den Stil der Geschwindigkeit opferte. Normalerweise gehen Studenten aufs Konservatorium, um eine Laufbahn als Solist einzuschlagen, und ein Solist will von Natur aus im Mittelpunkt des Interesses stehen; er oder sie ist entschlossen, mit einer brillanten Technik Eindruck zu machen. Wenn man sie auffordert, einen langsamen Satz zu spielen, wissen sie oft nichts damit anzufangen. Meiner Meinung nach ist heute Bach einer der am schlechtesten interpretierten Komponisten. Dennoch ist es erstaunlich, wie schnell man talentierten Schülern die Augen öffnen kann, wenn man sie darauf hinweist, was die Musik aussagt und bedeutet, und ihnen die Struktur nahebringt, die bei den Werken Bachs so wichtig ist. Leonardo da Vinci hatte das Gefühl, einen Körper nur dann malen zu können, wenn er dessen Skelett kannte, und das Skelett eines Musikstücks ist seine Struktur, um die die Töne – das Fleisch – sich entwickeln und Gestalt annehmen.

49

Hinsichtlich der Technik bin ich durchaus für Experimente, für den Versuch, so nahe wie möglich an den Klang und die Gemütslage heranzukommen, die den Komponisten und ihren Zeitgenossen vertraut waren. Der alte Geigenbogen beispielsweise war konvex. Das hatte viele Vorteile; die Weichheit und Geschmeidigkeit des Holzes brachten es mit sich, daß dieses sich, wenn man den Ton mit leichtem Druck, ganz sanft, in die Länge zog, kurz vor den Haaren bewegte und auf diese Weise dem Klang beim Ab- und Aufstrich Nachdruck verlieh. Jede Note wurde dadurch automatisch leicht betont, jeder Bogenstrich zu einer Silbe. Heutzutage, mit dem konkaven Bogen, muß man die Betonung absichtlich herbeiführen, was eine ganz andere Wirkung hervorruft. Außerdem sind die denkbaren Nuancen zwischen lauter und leiser mit dem konvexen Bogen sehr viel einfacher zu gestalten. Übt man Druck aus, so gibt das Holz nach, und die Haare liegen nicht immer flach auf der Saite auf. Man kann auf drei oder vier Saiten gleichzeitig spielen; ein starkes Fortissimo ist nicht möglich, denn wenn man zu starken Druck ausübt, berührt man eine andere Saite. Der konvexe Bogen hat also den Vorteil, daß man damit unendlich viele Nuancen gestalten kann, allerdings kein wirkliches Forte. Für die Dynamik einer Sonate von Bach oder Händel ist dies sehr aufschlußreich.

Heute begleitet man die Sonaten auf dem Klavier, einem der lautesten Instrumente, und die Konzertflügel werden immer lauter, immer schneller, immer brillanter. Als ich die Sonaten endlich einmal so aufnahm, wie sie eigentlich gespielt werden müßten, mit Cembalo und einer Viola da gamba für den Baß, war das ideal; die Streichinstrumente stellten die obere und untere Begrenzung der Musik her, und in der Mitte war die Fülle der Harmonie, das Cembalo. Dieser Art des Musizierens stimme ich voll und ganz zu, andererseits glaube ich jedoch nicht, daß Originalinstrumente eine schlechte Interpretation wettmachen können. Allerdings bin ich ganz und gar gegen die modische, von etlichen Kritikern geförderte Manie, alle metronomischen Angaben Beethovens wörtlich zu nehmen. Es mag ein oder zwei Sätze geben, bei denen das zufällig funktioniert, aber Beethovens Metronomangaben sind bekanntermaßen falsch. Er trug sie lange, nachdem er die Musik komponiert hatte, ein, und sein Metronom war nicht exakt. Vor nicht allzulanger Zeit hörte ich eine verunglückte Aufführung, bei der der langsame Satz der vierten Symphonie weit schneller gespielt wurde als vorgesehen. Jegliche musikalische Erfahrung und Tradition sträuben sich gegen eine solche Interpretation. Derartige Tempi sollte man schlichtweg nicht einführen: Beethovens Angaben waren in manchen Fällen so unrichtig, daß es schierer Unsinn wäre, sie als unfehlbar zu betrachten.

Man sollte das Tempo immer anhand der schnellsten Passagen eines Stücks bestimmen und sich danach richten, wie schnell sie gespielt werden können, ohne daß sie ihre Aussagekraft einbüßen; ansonsten stolpert man über seine eigenen Füße. Die Geschwindigkeit, mit der ein Blasinstrument gespielt werden oder ein Sänger singen kann, gibt ebenfalls einen Hinweis auf das richtige Tempo des Stücks. Wenn der Musiker so spielt, wie es sein sollte, wird selbst einem unaufgeklärten Publikum klar, was da geschieht, und es wird ihm gelingen, selbst mit einem langsamen Satz ein Gefühl der Spannung, ja Anspannung hervorzurufen. Man soll nicht immer nur durch oberflächliche Brillanz beeindrucken wollen, die letztendlich langweilig wird, da dem Vortrag Menschlichkeit mangelt und er sich nach den Gesetzen des »freien Marktes« richtet, laut denen nur die lautesten, die schnellsten, also die einzigen wirklich »meßbaren« Komponenten von Musik zählen.

Zur Erziehung

1976, in meinem konzertfreien Jahr, führte ich endlich einen Plan aus, mit dem ich mich seit Jahrzehnten beschäftigt hatte. Der Name LMN steht für *Live Music Now*: Diese drei im Alphabet aufeinanderfolgenden Buchstaben bildeten meiner Ansicht nach automatisch eine eingängige Sequenz. Ursprünglich stammte die Idee von einer mittlerweile verstorbenen Freundin, Peggy Glanville-Hicks. In Melbourne hatte sie meine erste Frau Nola kennengelernt; später war sie nicht nur mir, sondern auch meinen älteren Kindern und natürlich Diana eine wunderbare Freundin gewesen.

Während der Kriegsjahre in New York, wo sie mit dem hervorragenden amerikanischen Komponisten und Schriftsteller Virgil Thomson zusammenarbeitete, vertraute sie mir ihr Traumprojekt an, von dem ihrer Ansicht nach Künstler und Publikum gleichermaßen profitieren würden. Ihr Plan war es, begabte junge Musikstudenten auszuwählen und ihnen die Möglichkeit zu geben, Musik an jene Leute heranzubringen, die aus dem einen oder anderen Grund nie in ein Konzert gehen würden oder könnten. Sie waren vielleicht zu arm oder zu krank oder im Gefängnis, oder sie verfügten über keine geeigneten Transportmittel. Ihrer Meinung nach hatten neunzig Prozent der Öffentlichkeit keine Ahnung von Live-Musik und damit von dem Zauber, der von einem Musizierenden oder einem Konzert ausgeht – ebenso wie jemand, der Milch aus der Flasche oder Tüte trinkt, keine Vorstellung von einer Kuh hat. Ich stimmte ihr zu, vor allem nachdem ich in Lagern, Krankenhäusern und Militärgefängnissen Hunderte von Konzerten gegeben und dabei eine Menge gelernt hatte. Diese Erfahrung hat mich entscheidend geprägt. Peggy und ich beschlossen, die Öffentlichkeit an die wahre Milchquelle heranzuführen.

Wir trugen die Idee der Ford Foundation vor – ohne Erfolg. Die Jahre vergingen, und Peggy ließ sich in Griechenland nieder; instinktiv hatte sie das Gefühl, dorthin zu gehören. Sie hatte bereits eine Oper über ein griechisches Thema, *Nausikaa*, geschrieben, die in Athen aufgeführt worden war. Auf ihr neues Leben bereitete sie sich dadurch vor, daß sie die Sprache lernte – nur um bei ihrer Ankunft festzustellen, daß sie lediglich das klassische Griechisch beherrschte. Aber es dauerte nicht lange, da sprach sie Neugriechisch und war von da an so griechisch, als wäre sie dort geboren. Peggy war unsere Fremdenführerin durch Athen und Korinth und entdeckte für uns das bezaubernde Grundstück auf Mykonos, das wir 1962 erwarben.

Die von Peggy in New York gesäte Saat ging einige Jahrzehnte nicht auf. Dann kam eines Tages Anfang der siebziger Jahre Diana nach Hause und erzählte mir, wie sie in einer düsteren Unterführung unter der Baker Street auf einen Jungen gestoßen war, der wunderschön Geige spielte; in der Hoffnung, von Passanten ein paar Groschen zu bekommen, hatte er seine Mütze vor sich auf den Boden gelegt. Sie war stehengeblieben und hatte ihn gefragt, ob er vielleicht Student an der nahe gelegenen Royal Academy of Music sei – er hatte bejaht. Darüber hinaus hatte sie herausgefunden, daß er von seiner Familie keinerlei Unterstützung erhielt und daß kein Agent daran interessiert war, ihm bei der Arbeitssuche zu helfen. Als sie nach Hause kam, war sie fest entschlossen, etwas für solche begabten jungen Leute zu tun, die anders als ich keine engagierten Eltern hatten, die ihnen halfen, eine musikalische Laufbahn einzuschlagen.

Unter gebührender Anerkennung des Beitrags von Peggy Glanville-Hicks und Diana rief ich also im Mai 1977 in London *Live Music Now* ins Leben. Beim ersten Treffen waren alle diejenigen anwesend, die bereits in dieser Richtung gearbeitet hatten, vor allem in Krankenhäusern, sowie Vertreter des Arts Council und der beiden Gruppen, die, so meine Befürchtung, möglicherweise unsere Absicht mißverstehen könnten: Konzertagenten und Abgeordnete der Musikergewerkschaft. Ich hätte mir keine Sorgen zu machen brauchen, denn bei diesem Treffen konnte ich uns die volle Unterstützung beider Gruppen sichern. Die Agenten wußten es zu schätzen, daß wir neue Publikumsschichten erschließen wollten, und der Musikergewerkschaft wurde klar, daß dies den jungen Künstlern eine wertvolle Gelegenheit böte, sich praktische Erfahrungen anzueignen; außerdem verzichteten wir auf jegliche Unterstützung der jungen Künstler durch die Gewerkschaft. Das Arts Council gab uns seinen Segen sowie einen Zuschuß in Höhe von 5 000 Pfund.

Heute bewegt sich das jährliche Budget des britischen LMN, mit Zweigstellen in Schottland und Wales, eher in der Größenordnung von 500 000; wir geben mehr als 1 500

Konzerte pro Jahr, an denen ungefähr 250 junge Musiker teilnehmen. Wir könnten zehnmal mehr veranstalten, verfügten wir nur über die bescheidenen Mittel, die erforderlich wären, um die Nachfrage zu befriedigen. Entsprechend den Leitlinien von LMN wird jeder Musiker bezahlt, wenn auch in bescheidenem Umfang, er hat keinerlei Unkosten, wird an dem Ort, wo die Aufführung stattfindet, bei Privatleuten untergebracht, und auch die Beförderung wird privat geregelt. Dies erfüllt einen sozialen Zweck: Die Gastgeber und Organisatoren des Konzerts lernen Musiker kennen und bekommen eine Vorstellung davon, wie das Leben eines Musikers aussieht; der Musiker seinerseits erfährt, was es heißt, in einer Bergarbeiterfamilie zu leben, krank zu sein, im Sterben zu liegen oder im Gefängnis zu sein. Oft spielen sie in den Mittagspausen für Verkäufer und Verkäuferinnen, und sie lernen eine Menge über das Erziehungswesen, da sie oft in Schulen auftreten. In Großbritannien gibt es etwa 34 000 Schulen; an den meisten gibt es keinen Musikunterricht, aber wir erreichen nur einige hundert von ihnen. Die Musiker profitieren auch insofern, als sie lernen oder zumindest eine Vorstellung davon bekommen, wie sie sich mitteilen können, und zwar nicht nur durch ihre Musik, sondern auch durch ihr Verhalten, da sie sich an das Publikum wenden, ihnen die Musik und die Instrumente, die sie spielen, erklären und sie dafür interessieren müssen. Eine bedenkenswerte Anmerkung zur modernen Musikausbildung: Unter den hervorragenden jungen Pianisten in den Vereinigten Staaten fanden wir nur sehr wenige, die instinktiv wußten, wie man mit dem Publikum Kontakt aufnimmt. Für diese Leute haben wir ein

Schulungsprogramm entwickelt. LMN hat in Washington eine Nebenstelle mit einem hervorragenden Vorsitzenden, Ian Stoutzker, der selbst ein begabter Amateurgeiger ist und dieses Instrument ebenso liebt wie ich. Zudem sollte ich nicht vergessen zu erwähnen, daß er auch ein gewiefter Bankier und treuer Freund ist.

Von Anfang an war die Reaktion der Öffentlichkeit auf LMN unglaublich. Die Briefe, die wir von Gefangenen und Kranken oder Todkranken in den Kliniken erhalten, sind oft ergreifend. In Frankreich suchte ich mit LMN-Gruppen einige Gefängnisse auf und fand mich in schrecklichen Bauwerken wieder, Mauern innerhalb von Mauern, wo nicht einmal ein Grashalm wächst; Orte, dazu angetan, die Hoffnungslosigkeit alltäglich werden zu lassen. Nach einem Konzert kam, als ich aus einem Innenhof trat, ein Gefangener auf mich zu, in der Hand eine frisch erblühte Rose. Man kann sich unmöglich etwas Wundersameres vorstellen als eine Rose in einer derart abstoßenden Umgebung. Ich war zutiefst berührt und hatte das Gefühl, LMN sei in der Tat etwas, das die Mühe lohnt.

Übrigens war Frankreich das zweite Land, in dem LMN 1977 Fuß faßte. Dort geben wir jährlich annähernd genauso viele Konzerte wie in Großbritannien. In Frankreich erhalten auch ganze Gemeinden nachhaltige musikalische Injektionen, indem wir für zwei oder drei Tage halbverlassene Dörfer übernehmen und vor den Leuten musizieren, um sie zu ermutigen, selbst zu singen und zu tanzen, auf dem Marktplatz oder sogar in der Kirche. In einigen großen Städten, etwa Reims, gaben wir ungefähr zweihundert Konzerte (bei neunzig Prozent wurde kein Eintritt verlangt), um der Hälfte der Bevölkerung – etwa 70 000 Leuten – Gelegenheit zu geben, sich sechs Wochen lang an Musik zu ergötzen. Die Musiker stammen nicht ausschließlich aus Frankreich, sondern aus ganz Europa. In den letzten Jahren kamen viele aus Osteuropa (aus Tschechien, der Slowakei, Rumänien, Ungarn, Polen, Rußland); sie tun sich zu Orchestern, Chören, Kammerorchestern zusammen, bilden alle möglichen Arten von Ensembles und spielen an allen nur denkbaren Orten – im Freien, in Parks, sogar in Synagogen. Tatsächlich wandte sich der Rabbi von Reims – der jüngste Rabbi in ganz Frankreich, bartlos und gerade vierundzwanzig Jahre alt – an den Bürgermeister und wollte wissen, warum man nicht in der Synagoge musiziere, so wie in den Kirchen auch. Er wurde beschieden, er könne so viele Konzerte haben, wie er wolle. Beim ersten Konzert in der Synagoge wurde eine Messe von Leopold Mozart aufgeführt; am selben Abend fand in einer Kirche ein jüdischer Gottesdienst statt. Auf dem Programm des zweiten Konzerts in der Synagoge stand jüdische Volksmusik aus Rußland.

Der jüngste Ableger von LMN befindet sich in Österreich. Ich weihte ihn 1994 mit einem Konzert im Gefängnis von Eisenstadt ein, wo Haydn im Schloß der Esterházys gelebt und gewirkt hatte. Dieses Gefängnis müßte meiner Ansicht nach jegliche derartige Institution in England, Frankreich oder Amerika, die ich je zu Gesicht bekommen habe, beschämen. Jeder Raum bekam durch ein hohes Fenster natürliches Licht, hatte fließendes Wasser, sanitäre Einrichtungen sowie eine Dusche und war mit Schreibtisch, Leselampe und Radio ausgestattet – mir kam der Gedanke, daß dieser Ort in meinem angefüllten Wanderleben eine ebenso gute Zuflucht zum Meditieren sein könnte wie irgendein anderer. Natürlich handelte es sich um ein sicheres Gefängnis, aber vertrauenswürdige Gefangene durften regelmäßig Ausflüge machen, die manchmal mehrere Tage dauerten. LMN kam mit einer Gruppe junger österreichischer Studenten, alle hervorragende Musiker, und wir absolvierten unser kurzes Programm vor der Hälfte der insgesamt etwa hundertvierzig Gefangenen. Die andere Hälfte wollte oder durfte nicht kommen. Zu Beginn fragte ich das Publikum, ob jemand von ihnen singen könne. Nur ein einziger meldete sich, ganz hinten. Ich bat ihn, nach vorne zu kommen; er erklärte, er sei Opernsänger aus dem ehemaligen Jugoslawien und habe zusammen mit Luciano Pavarotti in der Carnegie Hall gesungen. Natürlich – und zur nicht unbeträchtlichen Belustigung aller Anwesenden – fragte ich ihn, was er, um alles in der Welt, im Gefängnis suche. Er erklärte, er sei des Diebstahls von Autos angeklagt worden – zweifelsohne eine weitaus lukrativere Beschäftigung als der Kampf ums Überleben als Opernsänger.

Anstatt zu versuchen, menschliches Verhalten auf Regeln, Vorschriften und genau festgelegte minimale Arbeits- und Lebensbedingungen zu reduzieren, wäre es, so finde ich immer, weit besser, die Leute so zu beschämen, daß sie sich aus freien Stücken anständig verhalten und menschlichem Leben Achtung entgegenbringen. Dies könnte man beispielsweise dadurch erreichen, daß ein Österreicher französischen oder britischen Gefängnissen einen Besuch abstattet und einen Film mitbringt, in dem gezeigt wird, wie die Gefängnisse in Österreich geführt werden. Dann beruhten die Standards der Europäischen Union nicht nur auf bürokratischen Regelungen über die Größe des dem Gefangenen zugestandenen Raumes, den Druck des Duschstrahls oder was auch immer in dem Buch mit den entsprechenden Vorschriften steht. Meiner Ansicht nach ist der Versuch, eine harmonische oder auch nur erträgliche Gesellschaft einzig und allein auf der Grundlage von gesetzlichen Verboten und Bestrafung zu schaffen, kurzsichtig.

Ich war immer schon davon überzeugt, daß man sehr viel erreichen kann, wenn man Leute, gleichgültig, welcher Herkunft oder Nationalität sie sind, auf ein gemeinsames Ziel verpflichtet, damit sie voneinander lernen. LMN spiegelt diese Überzeugung wider, und im gleichen Geiste gründete ich 1977 die Internationale Menuhin-Akademie in Gstaad. Bereits 1956 hatte ich das Festival, das 1996 sein vierzigjähriges Bestehen feiern kann, nach Gstaad gebracht. Ich wollte jedoch mehr als nur ein jeweils befristetes musikalisches Fest; ich hoffte, der Musik auf Dauer eine Heimstatt in dieser wunderschönen Gegend, unserem Berner Oberland, zu geben. Diana und die beiden kleinen Söhne waren nach Gstaad gekommen, weil dieses sich hervorragender Schulen rühmen kann und im Zentrum Europas liegt, so daß das Französische, das Deutsche und das Italienische feste Bestandteile der Kultur sind. Meinem Empfinden nach konnte ich, indem ich einige der begabtesten jungen Musiker aus der ganzen Welt hierherbrachte und ihnen die Möglichkeit bot, sich mit den verschiedenen Traditionen dieser überaus reichen Heimat menschlicher Kulturen vertraut zu machen, jungen Leuten aus Asien,

Amerika und auch Europa selbst etwas vermitteln, das sie ansonsten nie kennenlernen würden.

Heutzutage sind es vor allem Stilprobleme, an denen die musikalische Interpretation krankt, denn der Stil Haydns ist anders als der von Mozart, ganz zu schweigen von Bartók, Strawinsky oder Debussy. Vielen jungen Musikern fällt es schwer, Spontaneität mit Disziplin zu verbinden. Sie können mit ihrer Freiheit nicht richtig umgehen. Sie werden dazu ermutigt, sich selbst auszudrükken, und versäumen es darüber, den Komponisten, den Schöpfer dessen, was sie spielen, zu erkennen und anzuerkennen. Meine Akademie, an der wir versuchen, den Leuten diese schlechten Angewohnheiten auszutreiben, hat, wie meine Schule in England, beträchtlichen Erfolg. Sie ist, wie in England, getragen vom guten Willen des gesamten Musikbetriebs. Die Akademie wurde zu einer nationalen Schweizer Institution, die von der Regierung, von privaten Sponsoren, der Stadt Gstaad, dem Kanton Bern und der französischen Schweiz unterstützt wird. Hier sind junge Musiker im Alter von siebzehn bis sechsundzwanzig Jahren aus der ganzen Welt zusammengekommen, um ein von der Qualität des Musizierens her ausgezeichnetes Kammerorchester zu gründen – die Camerata. Sowohl die Akademie als auch die Camerata werden von meinem jungen Kollegen, dem hochbegabten Alberto Lysy, geleitet, den ich zum ersten Mal 1955 bei der Endausscheidung im Brüsseler Wettbewerb gehört hatte; damals war er noch keine zwanzig.

Alberto arbeitete zusammen mit einer Gruppe in Rom; dort heiratete er und zog dann nach Holland, wo er von dortigen sozial gesinnten Leuten unterstützt wurde. 1977, als die Subventionen allmählich ausblieben, organisierte ich den Wechsel Albertos und seiner Studenten nach Gstaad. Anfangs waren die Gstaader einigermaßen argwöhnisch angesichts dieses bunt zusammengewürfelten Haufens ärmlicher Jugendlicher, die Geigenkästen mit sich herumschleppten. Als Touristen konnten sie schlecht durchgehen, und erst als sie mit Aufführungen in der Öffentlichkeit begannen, sah sich das Amt für Touristik imstande, sie mit gebührendem Stolz anzuerkennen. Seitdem wetteifern die Bewohner von Gstaad, den liebenswerten Studenten ihre Gastfreundschaft anzubieten, und nehmen lebhaft Anteil an ihrer Musik, ihrem Wohlergehen und ihrem Glück.

Ich glaube, die Einwohner von Gstaad werden dafür auch reich belohnt, denn jetzt bekommen sie jedes Jahr so viel Musik zu hören, wie sie wollen. Ich muß allerdings gestehen, daß der Vogel, den ich eingeführt hatte, etwas zu groß war für das Nest. Daraufhin stellten unsere treuen Freunde in Bern und in der französischen Schweiz sowie das als Förderer bewährte Unternehmen Nestlé uns ein ehemaliges Wohnhaus dieser Firma mit herrlichem Blick über den Genfer See zur Verfügung. Und jetzt laden unsere großzügigen Freunde in Genf und Lausanne die Studenten zu sich ein, um in die Oper zu gehen, Museen und Galerien zu besichtigen und überhaupt ein für junge Musiker ideales Leben zu führen. Jedes Jahr haben sie »stagioni« – Spielzeiten – in Italien, Spanien, Deutschland und Argentinien (dort stammt Alberto her). Auf diese Weise bekommen die jungen Leute das Gefühl, ein Teil dieser unserer Welt zu sein, und eignen sich ein Verständnis vieler verschiedener Kulturen an. Wir waren zusammen in Japan und in den Vereinigten Staaten, und 1982 unternahmen wir gemeinsam mit der Yehudi Menuhin School in England unsere faszinierende Reise nach China.

Das Gstaad-Festival 1996 wird, so mein Entschluß, für mich als künstlerischer Leiter das letzte sein. Da mein achtzigster Geburtstag zufällig mit dem vierzigsten des Festivals zusammenfällt, hielt ich dies für den geeigneten, natürlichen Zeitpunkt. Seit dem Sommer 1956, als wir in der Kirche von Saanen, in der achthundert Leute Platz finden, zwei Konzerte gaben, haben wir viel erreicht. 1995 veranstalteten wir sechsundzwanzig Konzerte in fünf verschiedenen Räumlichkeiten, und jährlich hören uns nun etwa 25 000 Menschen zu. Es erfüllt mich mit riesiger Freude und mit Stolz, daß Gidon Kremer zugesagt hat, künftig die Leitung des Festivals zu übernehmen. Ich weiß, mit ihm wird es erfolgreich bleiben und neue Wege einschlagen; auch weiterhin wird es ein wichtiger Bestandteil meines Lebens bleiben und mir immer am Herzen liegen.

Es verschafft mir große Befriedigung, daß ich gelegentlich dazu beitragen kann, die gute Idee eines anderen in die Tat umzusetzen. Bei LMN dauerte es viele Jahre; bei einem anderen Vorhaben, dem Mozart-Fonds, ging es wesentlich schneller. Die Idee stammte ursprünglich von Richard Bächi, dem Leiter der Züricher Tonhalle; er trug sie mir während meines Auftritts als Gastdirigent im Jahre 1990 vor, ein Jahr vor den Feiern zum zweihundertsten Todestag Mozarts.

Bächi schlug vor, für alle Werke Mozarts in diesem Gedenkjahr Lizenzgebühren zu erheben und sie einer wohltätigen Stiftung zukommen zu lassen. Ich sah die Möglichkeiten, die dies eröffnete, und lud Cornelio Sommaruga, den Präsidenten des Internationalen Komitees des Roten Kreuzes, sowie seinen Finanzbeauftragten, Michel Couvers, ein, mit Bächi, Diana und mir zu Mittag zu speisen. Bei diesem Anlaß wies ich auf den eklatanten Mißstand hin, daß es weltweit an einer Stiftung zur Verhinderung drohender Katastrophen oder zumindest zur Linderung der schlimmsten Auswirkungen durch eine angemessene Vorsorge fehle. Ich räumte zwar ein, daß das Rote Kreuz bereits einiges unternommen habe, um den Menschen zu helfen und sie medizinisch zu versorgen, wenn Blut floß, wann immer und wo auch immer es zu einer Katastrophe kam, kritisierte aber, daß es noch keine prophylaktische Einrichtung zur Verhinderung derartiger Katastrophen gebe. Ich schlug vor, eine Gebühr auf alle Werke – musikalische wie später auch literarische – im öffentlichen Bereich zu erheben, um damit einen Fonds zu gründen und über ihn beträchtliche Einkünfte zu erzielen.

Leider kann eine Katastrophe auf sehr verschiedene Art definiert werden. Wie oft hätte man in jüngster Zeit Hungersnöte, Seuchen, Fälle von Umweltverschmutzung, soziale oder Rassenunruhen und Kriege, alles zum größten Teil von Menschen verursachte Katastrophen, bis zu einem gewissen Grad abwenden können. Sommaruga begriff sofort, worum es mir ging, und das Ergebnis war, daß er uns noch am selben Tag das Vorrecht einräumte, über ein unabhängiges Bankkonto zu verfügen, das vom Roten Kreuz verwaltet werden sollte. Im Gegenzug bot ich ihm an, die Hälfte all dessen, was wir je einnehmen würden, dem Roten Kreuz zu spenden. Sobald ich konnte, begann ich, Konzerte für bestimmte Zwecke zu geben, um darauf hinzuweisen, wie man das Geld verwenden könnte. Der Ertrag des ersten war für die Bellerive-Stiftung bestimmt, die sich der Rettung der Alpen verschrieben hat, welche einer schrecklichen Bedrohung durch massive Umweltverschmutzung, Vernichtung der Artenvielfalt, Verschwinden der dünnen Bodenkrume und des empfindlichen Unterholzes, durch Lawinen, durch die Vergiftung der Bewässerungsadern, der Flüsse Europas, sowie durch andere Gefahren ausgesetzt sind, die für alle Hochgebirgsregionen der Welt die gleichen sind. Als nächstes folgten Konzerte zur Unterstützung des Schweizer Komitees zur Verhinderung von Folter, was mittlerweile erstaunliche Ergebnisse zeitigte. Alle europäischen Staaten unterschrieben eine rechtlich bindende Vereinbarung, die einem dafür qualifizierten Team die Inspektion eines jeden Orts, wo vermutlich gefoltert wird, zu jeder Tages- und Nachtzeit und ohne vorherige Ankündigung erlaubt: kein einfaches Projekt. Es dauerte elf Jahre, bis dieses Gesetz vom Europäischen Parlament verabschiedet und von jedem Mitgliedsland ratifiziert wurde. Würde eine energische Verwaltung auf der Umsetzung dieser Maßnahmen bestehen, könnten wir reale Fortschritte erzielen. Leider ist dies bislang nicht der Fall.

Ein weiteres Beispiel: Wir beschlossen, den Malteserorden in seinem Kampf gegen die Lepra zu unterstützen. Es handelt sich dabei um eine Krankheit, die es heutzutage nicht mehr zu geben bräuchte. Und es gibt noch unzählige andere gräßliche Krankheiten, gegen die man etwas unternehmen könnte.

Die ersten Schritte zur Durchführung der Vorschläge des Mozart-Fonds wurden in Straßburg unternommen, und ich hoffe, daß bald alle europäischen Parlamente einer minimalen Gebühr – vielleicht von einem Prozent – für alle Aufführungen, sei es im Konzertsaal, in Rundfunk oder Fernsehen, sowie für alle veröffentlichten Werke zustimmen. Die Schweiz könnte durchaus das erste Land sein, das dieses Gesetz billigt. Ich bin sicher, die Initiative wird Erfolg haben, denn jede Regierung ist entzückt, wenn jemand Geld auftreibt, ohne daß dies sie selbst etwas kostet, und für Aufgaben zur Verfügung stellt, für die eigentlich sie zuständig wäre. Zudem fände ich die Schweiz als Sitz unserer Verwaltung recht passend. Zwar gehört sie noch nicht zur Europäischen Union, aber sie ist das bisher beste Beispiel einer kleinen Gemeinschaft, die sich aus verschiedenen Völkern zusammensetzt, und die Europäische Union reicht noch nicht an den Standard heran, den die Schweiz hinsichtlich regional autonomer Kulturen im Rahmen einer umfassenden Konföderation gesetzt hat.

Aufgrund der langen Erfahrung mit meinen Schulen ist mir noch mehr und eindringlicher bewußt geworden, wie wichtig es ist, jedem Kind durch das eigene Verhalten ein Beispiel zu geben, das in ihm selbst Wünsche und Kräfte wecken könnte. Im Herbst 1994 startete ich ein Projekt mit dem Namen MUS-E: *Music in Europe*. Dahinter steckt jedoch weit mehr, als dieser Name vermuten läßt. In zunehmendem Maße bin ich der Überzeugung, Lehrer könnten sich, wenn es einen geeigneten Lehrplan gäbe, an den schlimmsten Schulen Europas engagieren und dort Erfolg haben. Unter »schlimmste« verstehe ich insbesondere jene Schulen, in denen rassistische Intoleranz und andere Vorurteile herrschen und eine normale psychische, geistige und vitale Entwicklung der Kinder beeinträchtigen. Derlei Schulen werden zumeist von Kindern unterschiedlicher ethnischer Herkunft besucht: In Berlin sind es vor allem Deutsche und Türken, in Paris Franzosen und Algerier, in Brüssel Belgier und Marokkaner, in London Engländer und Kariben oder Afrikaner. Die Situation ist von Land zu Land verschieden, aber überall gibt es Schulen, meist in den besonders unterprivilegierten Vierteln, die unter den Vorurteilen leiden, die die Erwachsenen an ihre Kinder weitergeben.

Wir begannen in verschiedenen europäischen Ländern und wählten Schulen in Brüssel, Paris, London, Berlin, Bern und Budapest aus. Ich will nun keineswegs behaupten, Kinder seien kleine Engel, denn sie können genauso schrecklich sein wie ihre Eltern. Dennoch kann man ihre Energie und Vorstellungskraft, ihre Phantasien und ihre Neugierde durch Singen, durch die Körpersprache der Pantomime, der Schauspielerei und des Tanzes ansprechen, lenken und auf positive Ziele ausrichten. Besonders bei älteren Schülern erweist sich die Einbeziehung von gymnastischen Disziplinen wie Yoga und Tai-chi in Verbindung mit verschiedenen Kampfsportarten und Fechten als sehr hilfreich. Durch unser Beispiel können wir die Kinder zu konstruktiven, nützlichen Aktivitäten bewegen. Eines unserer Grundprinzipien ist es, nicht anhand eines Lehrbuchs vorzugehen, das unter solchen Umständen meist nur eine Barriere zwischen Lehrer und Schüler aufrichtet, sondern durch unser Beispiel und frei aus dem Gedächtnis zu unterrichten. Schulen, in denen Kampfsportarten gelehrt werden, haben weniger Probleme mit Gewalttätigkeit; eine solche Kunst zu meistern erlegt dem Betreffenden allmählich eine gewisse Selbstdisziplin auf. Der Wunsch, sich auf einem Gebiet hervorzutun, auf dem man sich elegant und mit dem geringsten Kraftaufwand dem Gegner gegenüber als physisch überlegen erweisen kann, ist für Jungen wie Mädchen ein Anreiz.

Eines Tages, vor nicht allzulanger Zeit, kam ich in eine Schule für sogenannte geistig behinderte Kinder – ein Zustand, der nicht notwendigerweise genetisch bedingt ist, sondern oft durch die jeweiligen Umweltbedingungen herbeigeführt oder verschlimmert wird. Die Kinder saßen in einem sonnigen, gepflegten Raum an ihren kleinen Pulten: achtjährige Kinder, die auffällig »brav« waren. Zumindest machten sie keinen Lärm, und das scheint die allgemein gültige Definition von gutem Betragen bei Kindern zu sein! Als ich fragte, ob eines von ihnen singen könne, schüttelten sie teilnahmslos den Kopf; also fragte ich, ob sie ein Geräusch hervorbringen könnten, und machte ihnen eines vor. Damit hatte ich mehr Erfolg; sie gaben irgendwelche Laute von sich. Dann fragte ich, ob sie das Ganze nicht auch ein wenig höher hinkriegen könnten, und sie probierten es. Sie ahmten mich nach, und schließlich hatten wir drei unterschiedliche Geräusche, was für den Anfang schon einmal ganz gut war. Dann fragte ich, ob sie tanzen könnten. Erneutes Kopfschütteln. Also sagte ich:»Könnt ihr in die Hände klatschen?«, und das funktionierte. Sie brachten es sogar fertig, in einem Dreiertakt zu klatschen. Nun sagte ich:»Hört mal, würdet ihr gerne auf allen vieren durchs Zimmer krabbeln?« Das gefiel ihnen, und schließlich hatte ich sie so weit, daß sie eine kleine Melodie sangen, in die Hände klatschten und sich in ausgelassener Fröhlichkeit auf dem Fußboden tummelten. Schon früher, an der Alexander-Schule in London (deren Lehrer regelmäßig meine Schule besuchen), hatte ich festgestellt, daß viele Kinder nie Liebe oder Unterstützung erfahren; nie gibt ihnen jemand ein gutes Beispiel, und elterliche Zuwendung kennen sie nicht oder kaum. Selbst wenn man ihnen nur den Arm um die Schultern legt, um ihnen das Gefühl des Beschütztseins und der Sicherheit zu geben, ist das für sie eine völlig neue Erfahrung. Es berührt einen sehr schmerzlich, wenn man entdeckt, wie wenig es erfordern würde, um bei diesen emotional verwahrlosten Kindern wirklich weitreichende Ergebnisse zu erzielen.

Vor etwa drei Jahren kam ich, als Europäer, zu dem Schluß, daß ich eine»Dach«-Organisation mit Sitz in Brüssel haben wollte, um dort meine verschiedenen Projekte, Ideen und künftigen Initiativen zu koordinieren. Zu diesem Zweck wurde 1991 per königlichem Erlaß, durch den uns gewisse Vorrechte eingeräumt wurden, die *International Menuhin Association* gegründet, die 1994 zur *International Yehudi Menuhin Foundation* wurde. Ziel dieser Stiftung ist es, meine Schulen, die *European String Teachers Association* (ESTA), deren Vorsitzender ich lange

Jahre war (mittlerweile bin ich Ehrenpräsident auf Lebenszeit), LMN und MUS-E zu fördern sowie die vielen anderen Projekte, die noch der Durchführung harren oder noch nicht das Licht der Welt erblickt haben. Auf die Generalsekretärin der Stiftung, Marianne Poncelet, wurde ich rein zufällig aufmerksam, als ich von einem gemeinsamen Freund ein bezauberndes Märchen bekam, das sie geschrieben hatte. Auf diese Weise lernte ich eine ungemein schätzenswerte Persönlichkeit mit wirklicher Phantasie und Begeisterung kennen, die seitdem bei der Organisation und der Weiterentwicklung der Stiftung, die noch in den Kinderschuhen steckt, immer wieder aufs neue einen unendlichen Einfallsreichtum und große Entschlossenheit beweist. Das MUS-E-Projekt wird in Bern unter der Leitung von Werner Schmidt, einem Kollegen (er ist Cellist in dem hervorragenden Berner Orchester), verwaltet. Neben seinen Pflichten als Beauftragter für den Musikunterricht in Bern ist Werner auch noch Mitglied des Stiftungsrats in Brüssel. Die Stiftung verfügt praktisch über kein Kapital; alle aus unterschiedlichen Quellen – einschließlich eigens organisierter Konzerte – eingehenden Mittel werden unverzüglich in Form von Stipendien an meinen Schulen, für den Kauf von Instrumenten für meine Schüler, für Schenkungen an die ESTA, damit sie ihr Mitteilungsblatt herausgeben kann, für LMN und insbesondere für internationale Treffen verteilt.

Beispielsweise fand im Oktober 1963 im Cirque Royal in Brüssel ein Konzert ganz besonderer Art statt: *All the World's Violins* – in der Hauptsache von Marianne Poncelet organisiert. Musiker aus zahlreichen Ländern spielten ver-

72

schiedene Arten von Violinmusik auf den unterschiedlichsten Instrumenten; die einleitenden Worte sprachen mein Freund und Kollege Stéphane Grappelli und ich. Am Weihnachtstag wurde das Konzert im belgischen Fernsehen übertragen. Ein Teil des Erlöses wurde für die Unterstützung ukrainischer Musikstudenten bestimmt, da vor allem zwei junge Ukrainer mit ihrem Banduraspiel das Publikum begeistert hatten. Unser Ziel war es, ein Stipendium für eine Schule in Kiew einzurichten, um ukrainischen Kindern die Möglichkeit zu bieten, an internationalen Wettbewerben teilzunehmen, und ihnen Instrumente, die sie unbedingt brauchten, zur Verfügung zu stellen. Ein weiteres *All the World's Violins*-Konzert organisierten wir im Mai 1994 in Bern; diesmal wurden mit dem Erlös internationale Schulungskurse für MUS-E finanziert.

Bislang fungiert die Stiftung also lediglich als Katalysator, was meines Erachtens wirkungsvoller ist als die bloße Verteilung von Geldmitteln. Beispielsweise wird das MUS-E-Projekt jetzt von der Europäischen Union mit einer Summe, die zehn Prozent seines Budgets beträgt, und in geringerem Maße von der UNESCO, den Kultusministerien verschiedener Länder, von Fernsehgesellschaften und Privatleuten unterstützt. Auf diese Weise hoffen wir zum erfolgreichen Wirken der kleinen zentralen MUS-E-Organisationen in Bern und Brüssel beizutragen. Nach drei Jahren plant die Stiftung öffentliche Aufführungen von MUS-E-Kindern – Chorgesang, Schauspiel, Tanz und Pantomime; dies wird eine Vorstellung davon vermitteln, in welchem Maß unsere glühenden Hoffnungen und Gebete sich erfüllt haben.

Meine Schule im englischen Stoke d'Abernon hat ebenfalls eine beträchtliche Strecke Weges zurückgelegt, seit
ich 1976 zum ersten Mal darüber geschrieben habe. Besonders hervorzuheben ist das Quartettspiel von Schülern
aller Altersstufen, das ein sehr hohes Niveau wider-
spiegelt, sowohl was das musikalische Können als auch
die Achtung vor menschlichen Werten betrifft wie auch
schlicht eine solide technische Fertigkeit. Vor einigen Jahren haben wir den festen Stamm unserer Instrumente um
den Kontrabaß erweitert; er wird nun nicht mehr in der
Art des Cellos, sondern in der richtigen Stimmung gespielt; und wir haben sehr gute Lehrer, die die Kinder dabei
anleiten. Auf diese Idee brachte mich der Leiter der Ab-
teilung für Streicher am Northern Royal College of Music
in Manchester, Rodney Slatford, ein wundervoller Kollege
und selbst Kontrabaßspieler, der Klassen für sieben- und
achtjährige Kinder einrichtete, die auf richtigen Miniatur-
kontrabässen spielen. Es ist ein wahres Vergnügen, diese
kleinen Musikanten zu erleben; seltsamerweise sind es immer Kinder, die lieber den Kontrabaß als irgendein anderes
Instrument spielen wollen. Auf diese Weise können wir
die musikalische Grundierung aller Orchester sicherstel-
len, und am Royal Northern College sowie an meiner
Schule gibt es bereits etliche sehr gute kleine Kontrabaßspieler.

Zur Zeit planen wir, an unserer Schule zusätzliche
Räumlichkeiten sowohl für den Unterricht als auch für Un-
terkünfte und einen Konzertsaal mit ungefähr vierhundert
Sitzplätzen zu schaffen. Zum Glück haben wir einen hervorragenden Schulleiter, Nicolas Chisholm, und einen

glänzenden für die Musik zuständigen Direktor, Stephan Potts; zudem konnten wir einige der besten Lehrer der Welt für eine Mitarbeit gewinnen. Zu ihnen zählt eine bemerkenswerte Lehrerin, die ich in Moskau kennenlernte, Natascha Bojarskaja. Gerade um sehr junge Schüler kümmert sie sich auf mütterliche Art und sorgt dafür, daß die Gelenke der Kinder nicht ihre Geschmeidigkeit, Weichheit und Elastizität einbüßen. Natascha war ein solcher Gewinn für die Schule, daß sich jetzt mindestens einmal pro Woche mehrere hundert Kinder aus der Umgebung bei uns einfinden, die unbedingt Geige spielen wollen.

Der Violinunterricht in England hat im großen und ganzen nach wie vor ein sehr niedriges Niveau. Als wir 1992 auf der Suche nach jungen Talenten das ganze Land durchforsteten, konnten sich von den zahlreichen Bewerbern lediglich zwei für unsere Schule qualifizieren: ein wunderbares fünfjähriges Mädchen aus unserer Nachbarschaft sowie ein weiteres neunjähriges Kind. Ich darf in aller Bescheidenheit sagen, daß unsere Streichquartette bei Jugendwettbewerben immer unter den ersten sind. Da unsere Quartette zu jung sind, um sich bei dem alle drei Jahre stattfindenden London International String Quartet Competition auf internationaler Ebene mit erwachsenen Musikern zu messen, organisierten wir ein Treffen für Jugendstreichquartette, das jedes zweite Jahr an der Cambridge University stattfindet und zu dem Musik- und andere Schulen ihre Streichquartette schicken. Ich bin überzeugt von der Bedeutung des Quartettspielens für die Entwicklung nicht nur des Musikers, sondern auch des jungen Menschen.

Bei einem dieser Wettbewerbe konnte ich Sir John Margetson, den hochmusikalischen Exbotschafter, dazu überreden, 1990 den Vorsitz in unserem Vorstand zu übernehmen. Die Vorstandsmitglieder repräsentieren eine große Bandbreite von Talenten im juristischen, pädagogischen, finanziellen, Wissenschafts- und Musikbereich; auch ein oder zwei ehemalige Studenten gehören dazu. Seit die Schule dem Ministerium für Unterricht und Erziehung untersteht, nehmen wir immer auch ein oder zwei Angehörige des Ministeriums in unseren Vorstand auf. Es bedeutet ein großes Kompliment für uns, daß diese hervorragenden Leute nach ihrer gesetzlichen Amtszeit fast immer unserem Vorstand beitreten wollen; infolgedessen können wir uns im allgemeinen der Unterstützung von Menschen mit großer Erfahrung sicher sein. Das Schulgeld wird jedes Jahr festgesetzt, indem wir die laufenden Kosten durch die Anzahl der Schüler teilen – zur Zeit sind es ungefähr fünfzig im Alter von acht bis achtzehn Jahren. Für alle britischen und aus Ländern der Europäischen Gemeinschaft stammenden Schüler sowie alle, die seit mindestens drei Jahren die Schule besuchen, bezahlt das Ministerium. Die Gesamtsumme, die es beisteuert, liegt in der Größenordnung von etwa 450 000 Pfund jährlich, bei einem Budget von ungefähr 900 000 Pfund. Für die Stipendien ausländischer Studenten, für Reparaturarbeiten, größere Ausgaben und irgendwelche Neubauten, die wir planen, müssen wir zusätzliche Gelder auftreiben. Jedes Jahr treten Studenten meiner Schule bei meinem Festival in Gstaad auf, und wenn wir ein rundes Jubiläum feiern, wie es 1996 anläßlich des vierzigsten Jahrestags des Festivals und meines achtzigsten Geburtstags der Fall sein wird, kommt die ganze Schule. Unsere Schweizer Freunde werden schon dafür sorgen, daß sie hier eine herrliche Zeit verbringen. Bei diesem Anlaß werden sie dann als Streichorchester, Kammermusikensembles und Solisten Konzerte geben. In der Schule herrscht eine besonders herzliche Atmosphäre, und man besucht uns sehr gern. Dem Autor von *Small Is Beautiful*, Ernst F. Schumacher*, machte der Besuch in der »kleinsten Schule Englands« viel Freude. Als er starb, spielten die Kinder zu seinem Gedenken.

Im Lauf der Jahre konnte es nicht ausbleiben, daß wir einige unserer geschätztesten Förderer und Lehrer verloren. 1987 starb mein alter Freund und Kollege Louis Kentner, der durch seine Heirat mit Dianas Schwester Griselda auch zur Familie gehört hatte. Mit seinem Unterricht und seiner Mitarbeit hat er der Schule ungeheuer viel gegeben. 1995 starb dann die charmante, geistreiche Griselda. Auch sie war der Schule sehr verbunden. 1990 zog sich Lady Fermoy, von Anfang an eine unserer treuesten und tatkräftigsten Freundinnen, als Vorstandsmitglied zurück. Nicht lange danach beteiligte das Schulorchester sich an einem Konzert zu ihrem Gedenken, das im Buckingham-Palast stattfand und bei dem viele Mitglieder der königlichen Familie anwesend waren. Prinz Charles interessiert sich für unsere Schule, und unsere derzeitige Schirmherrin ist die sehr musikalische Herzogin von Kent, die diese

---

* Ernst F. Schumacher, *Small Is Beautiful*. Reinbek: Rowohlt 1985 (Anm. d. Ü.).

77

Funktion voller Begeisterung ausübt. Sie nimmt die Kinder in die Oper mit und hat eine wirklich gute Beziehung zu ihnen entwickelt.

1994 ging Peter Norris in den Ruhestand, nachdem er dreißig Jahre lang an der Schule mitgearbeitet, das Orchester geleitet und das musikalische Bewußtsein unserer Kinder gefördert hatte. Viele seiner ehemaligen Schüler weisen immer wieder darauf hin, welch großen Einfluß sein innovativer und stimulierender Ansatz auf ihre musikalische Entwicklung gehabt habe. 1995 verloren wir zu unserem großen Bedauern einen unserer wertvollsten und klügsten Berater, unseren Nachbarn in Stoke d'Abernon, Sir Ronald Harris. Nach einer glänzenden Karriere im Staatsdienst war er, bereits im Ruhestand, einer unserer ersten und tatkräftigsten Verbündeten geworden; ab 1976 war er Vorsitzender der »Freunde der Schule« und ab 1989 Vorstandsvorsitzender. Für viele unserer Schüler war er so etwas wie ein Großvater und Vertrauter.

Im Sommer 1994 verließen uns acht unserer älteren und besten Schüler, um anderswo ihre Studien fortzusetzen. Vorher gaben sie eine Reihe von Abschiedskonzerten in London und in Frankreich. Sie spielten überirdisch schön, beseelt von Gefühl, wahrscheinlich weil sie ahnten, dies könnte sehr wohl das letzte Mal sein, daß sie zusammen musizierten. Mittlerweile haben wir eine neue Gruppe; immer noch einige ältere Studenten, aber auch etliche jüngere. Eine von diesen – Wei Wei Le aus China – erregte bei einem Folkestone-Wettbewerb meine Aufmerksamkeit, als sie, erst elfjährig, die Herzen aller im Sturm eroberte. Sie spielte auf eine Weise, daß jeder einzelne Ton ein »Ereignis«

wurde, und das mit einer auffälligen, sorgsam gepflegten Stetigkeit. Auf der Stelle fragte ich, ob wir sie in unsere Schule aufnehmen könnten, und sie erschien pünktlich zum Schulbeginn im Herbst 1994.

Beim Folkestone-Wettbewerb gibt es eine Untergruppe für alle, die jünger sind als vierzehn, und die interessiert mich vielleicht am meisten. Die Kinder kommen zusammen mit ihren Lehrern, nicht um einen Helden aus ihrer Mitte zu wählen, sondern um an einem Experiment des Lernens teilzunehmen. Sie werden bei den großzügigen Einwohnern von Folkestone einquartiert, die die Kleinen ins Herz schließen. Für viele Wettbewerbsteilnehmer ist es das erste Mal, daß sie das Meer erleben und sich in einem fremden Land aufhalten. Vierzehn Tage lang beteiligen sich Schüler und Lehrer an intensiven Diskussionen und einem Austausch von Ideen und Techniken. Bei den Gesprächen, die ich mit Wei Weis Lehrer führte, konnte ich nicht umhin, meiner Verwunderung über ihr Spiel Ausdruck zu verleihen. Er antwortete schlicht, er hätte noch weitere sechs Schüler »genauso wie sie«! Und das bezweifle ich nicht. Bei einem Reservoir von einer Milliarde Menschen stehen die Chancen nicht schlecht, daß einige wie Wei Wei darunter sind.

Eigentlich stelle ich nur ungern einzelne ehemalige oder derzeitige Schüler besonders heraus; sie sind alle einzigartig und begabt, und jeder hat seine ganz eigenen Qualitäten. Aber es war mir eine große Freude, daß ein junger Pianist, Paul Coker, der bei uns studiert hatte, in den achtziger Jahren einer meiner regelmäßigen musikalischen Begleiter wurde. Nach dem Tod meiner Schwester Hephzibah

war er auf vielen meiner Tourneen und bei zahlreichen
Konzerten dabei. An unserer Schule betreut er die Ein-
studierung von Sonaten für Klavier und Violine.

Es ist mir ein Vergnügen, sagen zu können, daß aus
unserer Schule neben äußerst disziplinierten Musikern
auch etliche unkonventionelle, ja sogar exzentrische
Künstler – nach vornehmster britischer Tradition – hervorgingen. Einer von ihnen ist der berühmte und sehr begabte Nigel Kennedy, der als Kind einer musikalischen Familie – beide Eltern talentiert, der Vater Cellist, die Mutter
Pianistin – 1964 als Siebenjähriger zu uns kam. Er schien
immer ziemlich ruhig, bis uns eines Tages – damals war er
ein Teenager – der Jazzgeiger Stéphane Grappelli wieder
einmal einen Besuch abstattete. Nigel hatte seine Platten
gehört und ihn eine Zeitlang nachgeahmt. Als Grappelli,
ein warmherziger, wunderbarer Kollege, die Begeisterung
des Jungen bemerkte, nahm er ihn unter seine Fittiche und
führte ihn bei Ronnie Scotts in Soho ein. Es dauerte nicht
lange, da forderte Grappelli Nigel auf, mit ihm zusammen
aufzutreten. Tatsächlich hatte Nigel schon mit sieben oder
acht Jahren Talent zum Improvisieren gezeigt, daher folgte
er vielleicht einem ihm vorbestimmten Weg. Er war einer
der ersten von der neuen Gattung junger Geiger, die in der
durch Hören überlieferten musikalischen Tradition genauso zu Hause sind wie in der schriftlich überlieferten, eine
Entwicklung, die ich begrüße. Die klassische Musik hat
durch die Dogmatiker und Techniker Schaden genommen;
junge Musiker müssen spontane Ausdruckskraft und Poe-
sie neu entdecken. Nigel Kennedy erregte deshalb so viel
Aufsehen, weil die Welt der klassischen Musik noch nie

einen Musiker dieser Art erlebt hatte. In der erregten Kommunikation mit seinem Publikum ging Nigel vielleicht ein bißchen zu weit; ich hoffe und glaube jedoch, daß er dank seiner klassischen Ausbildung sein Gleichgewicht wiederfindet. Ich habe ihn eingeladen, am *All the World's Violins*-Festival, das wir für 1996 planen, teilzunehmen, und ich hoffe sehr, ihn dort zu sehen.

Zu dieser neuen Sorte von Musikern gehört auch der Deutsche Volker Biesenbender, ebenfalls ungeheuer begabt. Er verließ die Schule 1967. Die Klassiker spielte er schon damals ganz ausgezeichnet; in der Folge arbeitete er mit einigen der besten Musiker der Welt zusammen. Einige Jahre später leitete er eine Gruppe, die auf den Straßen von Basel Volksmusik spielte. Biesenbender wurde der Liebling der Stadt und füllte die Konzertsäle, aber das hinderte ihn nicht daran, nach Indien zu gehen, wo er eine Zeitlang bei einer der berühmten indischen Musikerfamilien in Benares lebte. Er hat sich in die Volksmusik verschiedener Kulturen vertieft. Der brillante, philosophisch interessierte junge Mann schrieb eine wichtige Abhandlung zum Thema Üben in der Musik und ist bei Akademien und Konservatorien sehr gefragt. Hin und wieder stattet er unserer Schule einen Besuch ab, und jedesmal wirkt seine Anwesenheit äußerst stimulierend und steigert die Intensität beim Musizieren.

Zu meiner großen Freude regte meine Schule in England zwei ähnliche Einrichtungen auf dem Kontinent an. In Madrid gründete eine sehr engagierte und entschlossene Dame, Paloma O'Shea, eine hervorragende Musikschule, die nach Königin Sophia genannt ist. Schon oft besuchte sie uns in England, und wir tauschen regelmäßig Schüler und Lehrer aus. Und auch in Frankreich gibt es eine solche Schule, in Grenoble, die von der bemerkenswerten Geigenlehrerin Clotilde Munch geleitet wird, einer Nichte des großen Dirigenten Charles Munch. Durch sie kam musikalisches Leben nach Grenoble; sie unterrichtete schon Tausende von Kindern und hat selbst nie weniger als vierhundert oder fünfhundert Geigenschüler, und der Beweis für ihre hervorragenden Qualitäten als Musikpädagogin ist, daß sie alle sehr ordentlich spielen. Einige der besten ihrer Studenten hole ich an meine Schule. Im Herbst 1994 wurde eine dritte Schule in Ingolstadt in der Nähe von München eröffnet. Es ist der Standort der Automobilfirma Audi, die die Musik sehr großzügig unterstützt: Das Unternehmen übernahm die Bürgschaft für eine Tournee des Symphonieorchesters des Bayerischen Rundfunks durch die Vereinigten Staaten; es stellt bei wichtigen europäischen Festivals, auch bei meinem in Gstaad, Wagen zur Verfügung; es rief den Audi-Wettbewerb junger Musiker ins Leben, aus dem bereits einige unserer Studenten als Sieger hervorgingen, und hat jetzt in Ingolstadt die Bürgschaft für eine Schule übernommen, die nach dem Vorbild der meinen strukturiert ist und David-Oistrach-Schule heißt. Der große Oistrach starb 1975; ich vermisse ihn sehr. Die Schule wurde von einer der besten Schülerinnen Oistrachs begründet, die sie auch leitet: der georgischen Geigerin Liane Issakadse, die Audi vor fünf Jahren zusammen mit ihren Kollegen vom Georgischen Kammerorchester zu einem vierzehntägigen Besuch nach Deutschland eingeladen hatte. Sie sind immer noch da. Es gibt also vier Schulen, die eng miteinander zusammenhängen; eine echte europäische Gemeinschaft wie alle unsere musikalischen Unternehmungen. Eine fünfte Schule wird möglicherweise in der Schweiz, meiner zweiten Heimat, entstehen.

Ich für mein Teil habe eine sehr hohe Meinung von der heutigen Jugend, der ich an den verschiedenen Musikschulen und Universitäten begegnet bin. Ich führte Frühstücksgespräche mit Studenten an der Sorbonne und nahm an abendlichen Treffen in Oxford und Cambridge teil. Ich habe Studenten an vielen kleineren Universitäten kennengelernt, aber auch an riesigen Institutionen wie der University of California sowie in den unzähligen Schulen, in denen ich spielte und Vorlesungen hielt. Und ich habe ihnen auch zugehört: der jungen Generation von Japan bis Brasilien. Diese jungen Leute entsprechen durchaus nicht der gängigen Klischeevorstellung. Zugegeben, es gibt eine Drogenkultur der Jugendlichen, und einige von ihnen sind desorientierte, fehlgeleitete junge Leute, die wahrscheinlich nie so etwas wie elterliche Liebe, Führung oder Zuwendung kennengelernt haben. Einige von ihnen hoffe ich durch mein MUS-E-Projekt ansprechen zu können. Die Mehrheit der Jugendlichen ist jedoch weit fortschrittlicher, interessierter und aufgeweckter, als ihre Eltern es je waren, und sich sehr wohl ihrer Verantwortung und der großen Gefahren, die unserer Welt heute drohen, bewußt. Aus welchem Land auch immer diese jungen Leute kommen, sie sind die beste Garantie für das Überleben der Menschheit. Sie stellen eine Art globaler Gemeinschaft dar, die alle Grenzziehungen überschreitet und deren Mitglieder die gleichen Sorgen und die gleichen Hoffnungen haben.

Persönliches

Im Lauf der Jahre habe ich mir immer wieder Gedanken zu einem Thema gemacht, das man als die sich weiterentwickelnde Landschaft der Generationen bezeichnen könnte. Ich bin froh, daß ich jetzt älter und daher in der Lage bin, mir selber ohne weiteres und sogar gerne jene sich von selbst ergebende, unaufdringliche Autorität, die die Folge der Erfahrungen und die Bilanz eines achtzigjährigen Lebens ist, zuzugestehen. In bestimmten Kulturen, wenn auch, so fürchte ich, nicht in England und Amerika, verleiht einem das Alter als solches schon einen Anspruch auf Achtung und Verehrung: Japan, Indien, Frankreich, Rußland und China sind Länder, wo es genügt, acht Jahrzehnte hinter sich gebracht zu haben, um von seinen Mitbürgern mit Ehrerbietung behandelt zu werden.

Für ein Kind sind Vater oder Mutter oder irgendeine andere ältere Person von ausschlaggebender Bedeutung, weil sie es führen, seine guten Gewohnheiten fördern, den Keim zu Idealen und Zielen einpflanzen und die Saatkörner einbringen, die zu gegebener Zeit Blüten und Früchte hervorbringen werden. Mit dem Älterwerden spüre ich in mir zunehmend den Wunsch und das Verlangen, das, was ich mir selbst vielleicht angeeignet und erarbeitet habe, an die Jüngeren weiterzugeben. Mir scheint, zwischen den Generationen findet so eine Art Bockspringen statt: Das Kind überspringt sozusagen die Eltern und baut dafür eine bessere Beziehung zu den Großeltern auf. Etwa in der Mitte des Lebens tun wir uns mit Gleichaltrigen zusammen und bauen Freundschaften auf, gründen Familien und Gemeinschaften, um gemeinsame Ziele zu verfolgen. Und diese Bindungen und Sympathien bleiben bestehen. Mit dem Fortschreiten der Jahre läßt sich jedoch eine wachsende Neigung feststellen, jene die Zeit überdauernden Setzlinge selbst in die Jungen einzupflanzen und im Gegenzug den so lebenswichtigen und hoffnungspendenden Kontakt zu ihnen zu bekommen, der den Wunsch wie auch das Interesse, zu leben und zu handeln, aufrechterhält. Ein solcher Kontakt zögert das Nachlassen jener treibenden Kraft hinaus, die ansonsten erlahmt.

Es entwickeln sich daher zwei einander ergänzende Arten von Beziehung: Die eine gilt denen, die das ganze Leben mit einem teilen, und die andere jenen, die einen überdauern werden. Diese Beziehungen unterscheiden sich von ihrem Wesen her; denn mit dem einen Menschen, mit dem man alles teilt, verbindet einen bedingungslose wechselseitige Hingabe, während die Hinwendung zu Jüngeren sich auf deren Zukunft richtet. Unsere Kinder und Enkelkinder sollen in ihrer Unabhängigkeit bestärkt werden, nicht zuletzt, weil sie ihr eigenes Leben führen müssen, lange nachdem wir alles, was wir ihnen vermitteln können, an sie weitergegeben haben. Am Abend des Lebens kann ein Anerkennen dieses zweifachen Lebenszwecks ein Gefühl der Erfüllung und Ausgeglichenheit mit sich bringen. Wie sonst sollte ich mein wachsendes und beständiges Interesse an jungen Leuten, an ihrer Ausbildung, ihrer musikalischen Kultur, ihrer Rolle als Mitglieder der Gesellschaft und an ihrem Beitrag für die Zukunft erklären? Es ist merkwürdig, aber die eigenen Kinder können dieses Bedürfnis, die Früchte eines Lebens an die jüngste Generation weiterzureichen, allein nicht erfüllen. Normalerweise kommen sie zur Welt, wenn wir selbst noch zu jung sind, und wenn wir älter werden, haben sie bereits ihre eigenen Vorstellungen. Allerdings – und das ist eine Quelle großer Zufriedenheit für Diana und mich – kommen sie nach ihrer Emanzipation, und nachdem sie die verschiedenen Rückschläge überstanden haben, die das Leben immer bereit hält, zurück, wenn auch als Erwachsene und Gleichberechtigte und nicht mehr als Kinder und Abhängige. Wie tröstlich klingen für uns »Alte« die Worte »Oma« und »Opa«, wenn die eigenen Kinder sie aussprechen (die früher das Verhalten ihrer Eltern eher unnachsichtig betrachteten).

In den letzten zwanzig Jahren ist es in der Familie der Menuhins zwangsläufig zu vielen Veränderungen gekommen, die mit Kummer und Verlust, aber auch mit Wachstum und Freude verbunden waren. 1983 heirateten sowohl Gerard als auch Jeremy. Seit meinem letzten Buch haben sich fünf neue Enkelkinder hinzugesellt; insgesamt haben wir jetzt also sieben, sechs Jungen und ein Mädchen, und jedes einzelne von ihnen ist wunderbar. Ich muß zugeben, obwohl mir das Großvatersein keinerlei Schwierigkeiten bereitet – Sorgen machen sich nur die Eltern und Diana –, daß meine Lebensweise es nicht zuläßt, mich wie ein »normaler« Großvater zu verhalten – so wie ich ja auch meine Schwierigkeiten damit hatte, ein »normaler« Vater zu sein. Im Leben unserer Enkelkinder spielt Diana eine weit grö-

ßere Rolle als ich; sie organisiert Familientreffen und Tee-
gesellschaften, geht mit ihnen in Ballettaufführungen, und
ich bedaure sehr, daß mein übervoller Terminkalender,
meine Reisen und andere zeitraubende Verpflichtungen es
mir unmöglich machen, öfter an all dem teilzunehmen.
Dennoch liebe ich sie alle von ganzem Herzen, und
wie alle verantwortungsbewußten jüdischen Großväter
nehme ich lebhaften Anteil an ihrer Erziehung, vor allem
(aber nicht ausschließlich) was die Musik betrifft. Um mit
dem Jüngsten zu beginnen: Max, Gerards Sohn, ist jetzt
sechs – ein ganz reizender, energiegeladener, aufgeweckter
Junge. Ich habe einen Gesangs- und einen Schlagzeug-
lehrer aufgetrieben, um seine überbordenden Talente in
die richtigen Bahnen zu lenken. Jeremys Sohn Petroc ist
acht und scheint ebenfalls an Musik interessiert zu sein;
er lernt Cello, und seine charmante Lehrerin versichert
mir immer wieder, daß er sehr talentiert sei. Seine Schwester Nadia, elf Jahre alt, liebt die Musik und das Theater;
sie ist ein verträumtes, zartes Kind, versonnen und liebens-
wert; sie hat etwas von Dianas tänzerischer Grazie an sich.
Zamira ist jetzt glücklich mit Jonathan Benthall verheiratet, dem Direktor des Royal Anthropological Institute,
und sie haben zwei Söhne. Dominic mit seinen neunzehn
ist ein ziemlich selbstbeherrschter junger Mann und er-
folgreicher Student; er interessiert sich für die Schauspielerei und für Theologie. Er spielt sehr gut Gitarre und
hat eine wunderbare Singstimme. Der Jüngere, William,
ist ein überschäumendes Energiebündel. Da er ein ausge-
zeichneter Turner ist, wurde er in eine Gruppe aufgenom-
men, die 1993 mit ihrem Lehrer nach Rußland fuhr, um

dort einen Sommer lang bei russischen Familien zu leben, deren Kinder ebenfalls vielversprechende Turner waren. Er hat ein impulsives, liebenswürdiges Wesen. Der Junge meines ältesten Sohnes Krov, Aaron, der jetzt dreizehn ist, verbrachte eine äußerst ungewöhnliche, aber ideale Kindheit: Zusammen mit seinen Eltern, die Naturfilme machen, reiste er durch die ganze Welt, lernte alle möglichen eingeborenen Stämme sowie die Flora und Fauna von der Arktis bis zu den Tropen kennen, begleitete seinen Vater in dessen Flugzeug, lernte Tiefseetauchen und erhielt gleichzeitig eine klassische französische Ausbildung. Er ist ein ausgeglichenes, liebevolles, interessantes Menschenkind. Mein ältester Enkelsohn, Lin, der aus der ersten Ehe Zamiras mit dem Pianisten Fou T'Song stammt, ist wunderbar vorwärtsgekommen, und ich bin sehr froh, daß er auf mein Drängen hin von Anfang an Chinesisch lernte. Nachdem wir ihn 1982 nach China mitgenommen hatten, wo er ein Jahr lang zu Gast blieb, schickte ich ihn nach Princeton, damit er da an der ausgezeichneten sinologischen Fakultät studierte. Dort legte Lin sein Examen ab, und er hat es nie bereut. Jetzt ist er zweiunddreißig und Leiter eines Unternehmens in Hanoi, das Ausländer bei Investitionen berät. Er sieht sehr gut aus, ist noch unverheiratet, und mir gefällt der Gedanke, daß er der aussichtsreichste Kandidat für meine ersten Urenkel ist.

Die jüngere Generation der Menuhins wächst und gedeiht also und ist sehr vielversprechend, trotz der Tatsache, daß 1993 die Ehen meiner drei Söhne zerbrachen. Eine Scheidung ist immer schmerzlich, aber heutzutage nichts Ungewöhnliches mehr, und alle drei Väter halten nach wie vor engen Kontakt zu ihren Kindern. Diana und ich haben jetzt einen kleinen Trupp reizender Exschwiegertöchter, mit denen wir uns ausgezeichnet verstehen. Jeremy und Zamira leben wie wir in London, und wir sehen uns sehr oft. Gerard hat sich in der Schweiz niedergelassen, Krov lebt in der Provence. Meine jüngste Schwester Yaltah wohnt ebenfalls in London; wir alle besuchen einander, sooft wir können, und jeden Sommer findet in Gstaad ein großes Familientreffen statt. Meine erste Frau, Nola, starb 1978. Ich bin sehr froh, daß Krov, der durch seine Arbeit als Filmemacher in der ganzen Welt herumkommt, eine enge, gute Beziehung zur Familie seiner Mutter, die in Australien lebt, und zu den Kindern und Enkeln seiner Tante Hephzibah, seinen australischen Cousins, aufrechterhalten konnte.

1980 unternahm ich mit Hephzibah eine Tournee durch die Vereinigten Staaten; es sollte die letzte unserer vielen gemeinsamen Konzertreisen werden. Wir wußten damals schon, daß sie an Kehlkopfkrebs litt; sie hatte sich einer Reihe von Behandlungen unterzogen, führte jedoch mit der für sie charakteristischen Gelassenheit und Willensstärke ihr Leben weiter, bis, wie ich später schrieb, »selbst ihr heldenhafter Geist die Herrschaft über den verfallenden Körper verlor«. Am 1. Januar 1981 starb sie in London. Die Nachricht von ihrem Tod erreichte mich in Gstaad, wohin ich nach einem Konzert in Frankreich gefahren war; ich kehrte auf der Stelle nach London zurück. Heute bereue ich, daß ich damals mein Konzert nicht abgesagt habe; meine Schwester war furchtbar krank, wir wußten, ihr Tod stand bevor, und im Rückblick habe ich das Gefühl, ich hätte bei ihr bleiben sollen. Aber die Vorstellung, ein Konzert abzusagen, erschien mir schlicht abwegig; derlei hatte ich noch nie gemacht, außer bei zwei Gelegenheiten, als ich zu krank gewesen war, um zu reisen.

Hephzibahs Tod, im Alter von sechzig Jahren, war eine Tragödie für alle, die sie liebten. Ihr Leben war, nachdem sie mit ihrem zweiten Mann, Richard Hauser, aus Australien zurückgekehrt war, nicht einfach gewesen; gelegentlich hatte ich das Gefühl, ihre Hingabe an ihre Ideale, ihre Fähigkeit, sich in den Dienst anderer Menschen zu stellen, ihr Interesse für die soziologischen Studien ihres Mannes sowie ihre natürliche Güte und ihr unerschütterliches Vertrauen untergruben ihre Gesundheit. Als Musikerin war sie besser denn je; wie ich für das Programmheft des Gedächtniskonzerts schrieb, das am 22. Februar 1981 in der Carnegie Hall stattfand (Werke von Bartók, Bloch und Enesco, die eigentlich wir beide zusammen hatten spielen wollen): »Die Anmut und Makellosigkeit ihres Spiels offenbarten jetzt eine Tiefe und Wärme, eine immer umfassendere Dimension, deren jäher Verlust mir unerträglich ist, jetzt, da sie so viel mehr zu sagen hatte durch ihr Spiel, das sie mit ihrem Dienst an der Menschheit in Einklang gebracht hatte.«

Ich persönlich verlor mit ihr die Gefährtin meiner Kindheit und Jugend, meine siamesische Seele. Ein kleiner Trost ist mir, daß es mir durch meine Besuche in Australien gelang, die Verbindung mit ihren prächtigen Söhnen Kronrod und Marston und mit ihren Enkelkindern aufrechtzuerhalten, und daß Diana und ich ihrer Tochter Clara sehr nahestehen. Aber noch heute empfinde ich das gleiche wie damals, als ich kurz nach Hephzibahs Tod meinen Eltern schrieb: »Ihre sterblichen Überreste sind begraben, aber auf ganz außergewöhnliche Weise ist alles, was sie wirklich ausmachte, jede Art von Mitgefühl, von Liebe, jede tiefe Empfindung, die sie verspürte und mitteilte, nun stärker denn je und erfüllt mein Leben mit ihrer Gegenwärtigkeit. Ich kann nicht sagen, ob sie ging oder kam, ob sie wieder bei mir ist, näher denn je, obgleich ich nie wieder ihre Stimme hören oder sie sehen oder mit ihr zusammen musizieren werde.«

Der Verlust Hephzibahs war ein furchtbarer Schlag für meine Eltern. Mein Vater, der für uns alle so viel geopfert hat, dessen tiefe Menschlichkeit und dessen Idealismus mich so sehr geprägt haben, war selbst schon an Krebs erkrankt und starb kaum mehr als ein Jahr später, am 5. Februar 1982, im Alter von achtundachtzig Jahren. Mammina lebt weiterhin in ihrem Haus in Los Gatos, wo sie viele treue Freunde aller Altersstufen hat. Während ich dies niederschreibe, steht sie kurz vor ihrem hundertsten Geburtstag, am 7. Januar 1996; ab und zu sagt sie: »Ich glaube, der liebe Gott hat mich vergessen.« Meiner Ansicht nach ist sie im Lauf der letzten zehn oder fünfzehn Jahre milder geworden. Es geht ihr noch bemerkenswert gut; hätte sie sich nicht die Hüfte gebrochen und wäre sie nicht ein bißchen schwerhörig, dann wäre sie rundherum gesund und zufrieden. Aber auch so lacht sie immer noch gerne und gibt zu allem ihre ironischen und gelegentlich weisen Kommentare ab. Wir besuchen sie jedesmal, wenn wir in die Vereinigten Staaten kommen, aber wiederum ist es im Grunde Diana, die einen engen Kontakt zu ihr hält und ihr regelmäßig Briefe mit Berichten über die Familie schickt. Diana nimmt im Herzen meiner Mutter einen ganz besonderen Ehrenplatz ein.

Einer der wichtigsten Meilensteine in meinem Leben mit Diana war jener herrliche Tag im Jahre 1984, als ihr erstes Buch, *Fiddler's Moll**, erschien, ein Ereignis, das wir mit einem Fest feierten, das ihr Verleger, Lord Weidenfeld, in seiner Wohnung in Chelsea gab. Diana, mit einer ganz besonderen Schönheit und einem einmaligen Charakter begabt, hat so vieles in sich, das nie an die Öffentlichkeit drang. Es gibt etliche Menschen, die mehr zur Schau stellen, als sie in Wirklichkeit haben; bei ihr ist es genau umgekehrt, denn sie hat sich immer mit Leib und Seele für etwas engagiert, zuerst für ihren Tanz, dann für ihren Mann und ihre Kinder. Es bedurfte aller Überredungskunst, daß sie dieses Buch überhaupt schrieb.

Fiddler's Moll ist ein typischen Beispiel für Dianas trokkenen, schalkhaften Humor; es ist genau der passende Titel** für ein Leben, in dem sie sich oft selbst mit einem Dienstwagen verglichen hat – dem letzten Waggon, in dem der Bremser und die Mannschaft sitzen und der am Ende eines kilometerlangen amerikanischen Güterzuges dahinzuckelt. Für mich war Diana immer eine liebende, treue, ergebene und weise Gefährtin; immer willens zu helfen, Ratschläge zu geben, Kummer und Enttäuschung zu ertragen, sich Herausforderungen zu stellen, die Mut, Geduld und Zuversicht erfordern, um sie zu meistern. Außer

---

* Deutsch: *Durch Dur und Moll*. München: Piper 1986 (Anm. d. Ü.).
** Wörtliche Übersetzung: Die Gangsterbraut des Fiedlers (Anm. d. Ü.).

der unveränderlichen, grundlegenden Liebe eines ganzen Lebens, mit ihrer Spontaneität und Zärtlichkeit, verdanke ich ihr auch sonst alles, was ich geworden bin und noch werden könnte, denn ohne sie wäre mein ästhetisches und moralisches Urteil in zahllosen Details unvollkommen geblieben. Vor allem ist sie ein ungemein faszinierender Mensch, sowohl von ihrer Person wie auch von der besonderen Aura her, die sie umgibt – eine Aura, ebenso warm wie durchdringend, so mitfühlend wie kritisch, so hilfreich wie dezent und bestimmt. Mit jedem Jahr, das verstreicht, verbinden sich für mich ihre grenzenlose Rücksichtnahme und ihr offenbar unerschöpflicher Vorrat an Liebe und Wohlwollen mit immer mehr Erinnerungen, von denen eine jede bis zum innersten Kern meines Wesens dringt. Es genügt, an irgendeinen Ort zu denken, an dem wir zu irgendeinem Zeitpunkt waren (und dazu gehört nahezu die ganze Welt), um irgendeine Geste der Unterstützung, einen klugen Ratschlag, Schutz und Fürsorge wiederzuerkennen.

Bis vor kurzem tat sie so viel für mich und andere, daß sie keine Gelegenheit hatte, ihre eigenen Lebenserfahrungen auf ihre Weise niederzuschreiben. Sie kann von Natur aus gut schreiben; immer führte sie Tagebuch und schrieb mir, ehe wir verheiratet waren, und dann, sooft wir getrennt waren, jeden Tag einen langen Brief. Aber jene Augenblicke zu erleben, in denen man sich, statt immer nur nach vorne zu blicken, der Vergangenheit zuwenden kann, hatte sie selten das Glück; zu sehr nahmen die fortwährenden Anforderungen unseres Lebens sie in Anspruch. Mit der Veröffentlichung von *Fiddler's Moll* war

Dianas großer Augenblick gekommen. Das Buch wurde ein großartiger Erfolg, vor allem in Deutschland, wo es mehrere Auflagen erlebte. Infolgedessen baten die Verleger sie, einen Bericht über ihr Leben vor unserer Heirat zu schreiben. Das Ergebnis war *Glimpse of Olympus**, das 1993 in Deutschland erschien, chronologisch jedoch *Fiddler's Moll* vorausgeht. Ich kann mir kaum etwas Beglückenderes vorstellen als unseren Entschluß, im Jahr meines achtzigsten Geburtstags und unseres (fast) fünfzigsten Hochzeitstags unsere Bücher mit unseren Lebenserfahrungen – ihre beiden Bücher und die Fortsetzung meiner *Unvollendeten Reise* – neu zu veröffentlichen.

Auch wenn mein nomadenhaftes Wanderleben vielen Leuten seltsam und anstrengend erscheinen mag, so ist es für mich normal, als würde ich von einer Kraft angetrieben, der ich nicht widerstehen kann. Allerdings verlangt ein solcher Lebensstil den Menschen um mich herum, wie mir nur allzu bewußt ist, viel ab. Die Hauptlast fällt, wie immer, meiner Frau zu, aber wir beide hatten Glück, was die Leute betrifft, die wir um uns versammelt haben und von denen einige schon so lange bei uns sind und mich, mit allen meinen Fehlern und Schwächen, so gut kennen, daß wir sie als Mitglieder einer Großfamilie betrachten. Als mir klar wurde, daß mein Haus in Kalifornien, obwohl wunderschön gelegen, viel zu weit vom Mittelpunkt meiner Karriere und meiner immer größer werdenden Familie entfernt war, beschlossen Diana und ich, uns in Europa niederzulassen, zuerst in der Schweiz (Bern) und dann, 1950,

---

* Deutsch: *Blick ins Paradies*. München: Piper 1993 (Anm. d. Ü.).

in einer Stadt, die meine Familie und ich seit jeher lieben – in London. Anfangs lebten wir in einem ländlichen Paradies, Highgate, wo die Söhne den Garten genießen konnten und sich der Blick aus den Fenstern unseres Queen-Anne-Hauses bis zu den fernen Hügeln von Surrey erstreckte. Später, als die Söhne aus dem Haus waren und der Verkehr zugenommen hatte, zogen wir um in unser zentraler gelegenes heutiges Haus in Belgravia.

Diana richtete für mich ein herrliches holzgetäfeltes, lichtdurchflutetes Zimmer im obersten Stockwerk des Hauses ein. Ich liebe es, da oben zu sein, hoch über der Stadt, und ich kann mir keine andere Metropole vorstellen, in der man so nahe dem Zentrum lebt und doch solche Ruhe genießt.

In meinem Büro im Erdgeschoß arbeitet sich meine unermüdliche Belegschaft durch die Flut von Briefen hindurch, die tagtäglich hier eintrifft; hier bringen meine tüchtige, treue Sekretärin Vera Lamport und unsere einfallsreiche, warmherzige Archivarin Jutta Schall-Emden mit Hilfe der ruhigen, gelassenen Jackie Hoogendyk eine sinnvolle Ordnung in das Chaos meines Lebens und meiner vielfältigen Interessen. Meine ehemalige Sekretärin, die ausgeglichene, elegante Eleanor Hope, ist seit etwa zwanzig Jahren meine Agentin; sie ist, zusammen mit ihrer Assistentin Deirdre Golden, für alle meine musikalischen Verpflichtungen und meine Buchhaltung zuständig und hat auch die schwierige Aufgabe übernommen, das Gstaad-Festival zu organisieren. Mit ihrem großen Einfühlungsvermögen und ihrer Sachkenntnis half sie mir in den letzten Jahren mehr, als ich in Worten zum Ausdruck bringen kann, mein musikalisches Leben zu organisieren und den weiteren Verlauf meiner Karriere zu planen. In Nicky Caxton-Spencer steht uns eine bezaubernde, kompetente junge Haushälterin zur Verfügung, die sich, mit tatkräftiger Unterstützung Maria Lorenzos, um uns alle kümmert. Während ich dies hier niederschreibe, schließt ihre eine Woche alte Tochter mitsamt den glücklichen Eltern sich gerade unserer Großfamilie an. Damit es nicht so aussieht, als sei ich, was mein alltägliches Leben betrifft, ausschließlich von Frauen abhängig, will ich mich beeilen, Philip Bailey zu erwähnen, der Diana und mich oft, zusammen mit Tim Coupland, auf unseren Reisen begleitet und uns beim Schreiben wie auch bei praktischen Fragen hilft.

Ohne die Nennung Bruno Monsaingeons bliebe die Aufzählung der Mitglieder unserer Großfamilie unvollständig; der hervorragende französische Dokumentarfilmer zeichnete viele Jahre hindurch mit beispielhafter Sachkenntnis und voller Engagement die verschiedensten Aspekte meines musikalischen Lebens auf. Er reiste mit mir nach Rußland und China und drehte dort Filme für das französische Fernsehen; er teilt meine Ansicht, daß man den Film als Mittel der Anregung und Erziehung in weit höherem Maße nutzen könnte und sollte. Im Laufe der Jahre arbeitete ich mit einer ganzen Reihe von Schriftstellern und Filmemachern zusammen, und ich habe das Gefühl, wir hatten alle die gleichen Wertvorstellungen und das gleiche Ziel, nämlich die Früchte meiner Erfahrungen und Fähigkeiten als Musiker und Lehrer, über die ich ja vielleicht verfüge, an andere weiterzugeben.

London ist unser Hauptstützpunkt; unsere zweite Heimat aber ist die Schweiz. Jedes Jahr fahren wir zum Festival und auch zwischendurch in das Haus in Gstaad. Leider ist Mykonos, das ungefähr dreiunddreißig Jahre hindurch unser Zufluchtsort war, wo kein Telephon uns störte, seit dem Ansturm der Touristen auf die griechischen Inseln kein Hort der Ruhe und des Friedens mehr. Wir vermissen die herrlichen Badegelegenheiten und die Spaziergänge in der Abendsonne unter Obstbäumen wie auch die wundervollen Inselbewohner sehr, die unsere Freunde waren und geblieben sind.

✳✳✳✳✳

Wie der Leser bestimmt schon vermutet hat, betrachten mich viele meiner Mitbewohner auf diesem fehlgeleiteten Planeten als Gesundheitsapostel. Mein Interesse an der Gesundheit entspringt reiner Neugierde und dem Wunsch, den Menschen in allen seinen Aspekten zu verstehen. Schon aufgrund der Disziplin, die meine Lebensweise mir abverlangt, genieße ich die Freuden des Alkohols, üppigen Speisens und anderer angenehmer Dinge nur selten. Seit jeher sucht die Menschheit Augenblicke der völligen Loslösung von den Zwängen und Leiden des Daseins. Natürlich ist das Bedürfnis, im Alltagsleben Befriedigung, Hochstimmung und Erleichterung zu finden, nahezu unwiderstehlich. Annehmlichkeiten, die nicht die Gefahr in sich bergen, süchtig zu machen, sind, in Maßen, mit Sicherheit akzeptabel. Für mich stellte in psychologischer Hinsicht immer die Musik eine Möglichkeit der Flucht dar, einen körperlichen Ausgleich bot sie jedoch nicht. Bei der Suche nach letzterem hatte ich das Glück, Yoga als die ideale Lösung dafür zu entdecken. Ich erkannte, was für ein wunderbares Glücksgefühl das reglose Dasitzen nach zahlreichen Streck-, Atem-, Gleichgewichtsübungen und Verdrehungen aller Art einem vermittelt. Der Körper versinkt in einen natürlichen Zustand vollkommener Entspannung, die in Wirklichkeit viel intensiver ist als Schlaf. Der Kopf wird ganz leer; kein Widerhall von Ängsten, keine Träume, aber schließlich das köstliche Gefühl des pulsierenden Blutes in Fingerspitzen und Zehen, das einen daran erinnert, daß man bei Bewußtsein ist – aber nur gerade so eben. Durch meine Yogaübungen wurde mir klar, daß man einen solchen Zustand der Erfülltheit eher mit natürlichen als mit künstlichen Mitteln erreicht.

Wenn man ohne Anstrengung voll ein- und ausatmen kann, so verschafft einem das ein Gefühl tiefer Freude; wichtiger ist dabei das Ausatmen, denn das Einatmen erfolgt automatisch, während Sprechen und Singen beim Ausatmen stattfinden. Dieses Gespür für Körper und Geist kann eine reibungslose Verdauung fördern, und das gleiche gilt für alle grundlegenden Körperfunktionen. Elementare Bewegungen, wie Schwingen, Strecken, das genaue Aufsetzen des Fußes auf unebenem Boden, das Schlenkern der Beine von den Hüften und der Arme von den Schultern aus, sind eine Quelle des Wohlbefindens und der Freude. Ich kann diese einfachen Grundregeln gar nicht genug hervorheben, denn ich vermute, das Bedürfnis, sein körperliches Unbehagen an anderen auszulassen, resultiert oft aus der Ermangelung einer Möglichkeit zum

Abreagieren, wie sie Yoga für mich darstellt, so daß die Neigung, andere für seine physischen, geistigen und seelischen Unzulänglichkeiten verantwortlich zu machen, regelrecht selbstmörderisch wird. Keineswegs will ich den Beitrag der modernen Medizin zum Krankheitsverständnis und zur Behebung struktureller Fehlbildungen schmälern. Die Chirurgie hat in der Tat ein bemerkenswertes Niveau erreicht: Ganze Hände können retransplantiert, Organe ersetzt, Tumoren und Krebse entfernt werden, und künstliche Knie- und Hüftgelenke verleihen neue Beweglichkeit. Wir haben allen Grund, dankbar zu sein. Unser Stolz ist jedoch, wie in dem alten Sprichwort »Hochmut kommt vor dem Fall«, übersteigert. Es ist äußerst entmutigend und deprimierend, bei Angehörigen der medizinischen Berufe auf genau die gleiche Eitelkeit, Arroganz und Ignoranz zu treffen wie bei Politikern, Musikern, Priestern oder in anderen Berufssparten. Wie lange hat es gedauert, bis wir dem Ärztestand klarmachen konnten, daß in der Tat etwas existiert, das herablassend als »alternative Medizin« bezeichnet wird. Und doch gibt es sie seit Anbeginn der Zivilisation – die Eingeborenen Afrikas, Asiens und ganz Amerikas kannten medizinische Behandlungen und sogar Operationen. Die von alters her überlieferten Massagepraktiken in Indien sind außerordentlich vielfältig und wirksam. Eine Massage mit den Fußsohlen beispielsweise, bei der man die kleinsten Feinheiten im Verhältnis von Gewicht und Körperoberfläche erspüren kann, ist bei der Behandlung von Kranken wie auch Gesunden sehr hilfreich. Es gibt allerdings noch ein anderes indisches Verfahren, bei dem der

Körper kaum berührt wird und das auf einem elektrischen Kontakt zwischen den Händen oder Fingern des Behandelnden und der Haut des Patienten beruht. Es ist ein bemerkenswertes Training des Feingefühls, da man nicht mit Sicherheit weiß, wo die Hand des Masseurs oder der Masseurin gerade ist, sich ihrer jedoch durch eine Art magnetischer Reaktion bewußt wird.

Nach wie vor herrscht große Voreingenommenheit gegenüber der Homöopathie. Wir sind mittlerweile so überzeugt vom Nutzen schierer Quantität, daß wir vergessen haben, welche Wirkungen man gerade mit feinen Abstufungen erzielen kann, im musikalischen Ausdruck ebenso wie in der Medizin und in den Beziehungen zwischen Menschen. Der menschliche Geist sollte in der Lage sein, die Möglichkeit zu akzeptieren, daß eine winzige Menge einer aufgelösten Substanz (nach der Wissenschaft der Homöopathie ist die Wirksamkeit der Substanz um so größer, je stärker sie verdünnt, je höher also ihre Potenz ist), beim Patienten eine positive Reaktion auslöst – immer vorausgesetzt, es handelt sich um die richtige Substanz. Wie wir wissen, ist der Geruchssinn bei bestimmten Tieren so hoch entwickelt, daß schon die winzige Spur eines Duftes wahrgenommen wird und diese das Männchen über große Entfernung hinweg zu seiner Wunschpartnerin führen kann. Wir wissen, daß ein sich in alle Richtungen durch Wasser ausbreitender Ton, der im Quadrat des Abstands abgeschwächt wird, genügt, um über große Distanzen hinweg Delphine und Wale anzulocken. Warum dann dieses Beharren auf der Vorschlaghammermethode bei der Behandlung von Krankheiten? Wir setzen Antibiotika und

Aspirin ein und machen damit den ganzen Körper unempfindlich, wenn man doch lediglich einen bestimmten kleinen Bereich oder ein Organ behandeln müßte. Dadurch führen wir Vergiftungszustände oder eine Unausgewogenheit herbei, während in Wirklichkeit eine größere Genauigkeit vonnöten wäre.

Es ist beunruhigend, daß nur wenige Ärzte über Naturheilverfahren Bescheid wissen. Heilen ist eine dem gesunden Körper innewohnende Eigenschaft; viele unserer Praktiken hemmen hingegen den Heilungsprozeß. Wie man bereits entdeckt hat, richtet zuviel Bettruhe unter Umständen mehr Schaden an, als sie nützt. Der Kreislauf muß in Gang gehalten werden – gute Luft und die richtige Ernährung sind von ausschlaggebender Bedeutung. In den meisten Krankenhäusern werden die Patienten nach wie vor völlig falsch ernährt. Als ich mich 1956 in Kapstadt von einer Bandscheibenoperation erholte, lernte ich im Krankenhaus eine wunderbare Putzfrau kennen, die einem ganz besonderen Eingeborenenstamm angehörte. Ich bat sie, mir das Essen zu bringen, das sie und ihr Stamm aßen. Es bekam mir hervorragend, und ich hatte das Gefühl, besser dran zu sein als die anderen Patienten; sie und ich wurden gute Freunde. Es gibt viele verschiedene Quellen des Wissens – die Indianer am Amazonas kannten seit jeher die heilenden Eigenschaften von Pflanzen, und die westliche Medizin zieht auf diesem Gebiet erst heute allmählich mit ihnen gleich. Die Ausbeutung ihres Landes und ihrer Wälder, die wir betreiben, berauben sie und uns ihres auf Erfahrung und Wissen gründenden Erbes; es muß ihr ein Ende gesetzt werden.

Wir sind mittlerweile so hypnotisiert von den »Wundermitteln«, die das Wohlbefinden wiederherstellen, daß uns das Verständnis für langsamer ablaufende Prozesse, die wahrhaft Gesundheit bedeuten, abhanden gekommen ist. Diese Prozesse stehen in Zusammenhang mit der Art und Weise, wie wir mit unserem Körper umgehen und ihn ernähren. Zweifelsohne kann ein reges Geistes- und Seelenleben – vorausgesetzt, man verfügt über irgendwelche Kommunikationsmöglichkeiten – das rein körperliche Leben praktisch ersetzen oder ihm eine andere Richtung geben.

Einige Jahre lang korrespondierte ich mit einem wirklich außergewöhnlichen australischen Jungen in Sydney. Dieses zutiefst fühlende und begabte Kind litt an einer extremen Form von Allergie, die eine völlige Isolierung von der Außenwelt notwendig machte. Die Luft, die er atmete, die Gegenstände, die er berührte, das Essen, das er zu sich nahm, das Wasser, das er trank, das Zimmer, in dem er lebte, die Fremden, mit denen er Kontakt aufnahm, alles mußte sorgfältigst desinfiziert werden.

Er nahm leidenschaftlich Anteil am Leiden der Menschheit; er schrieb wunderbare, sein eigenes Gewissen erforschende Verse, und das mit jener philosophischen Neigung, wie man sie bei jemandem erwartet, der sich mit körperlicher Isolierung abgefunden hat. Er lernte Geigenspielen und bestand alle üblichen Schulprüfungen, schickte mir Socken, die er selbst gestrickt hatte, und wunderschöne Briefe. Und er hatte Eltern, die bedingungslos für ihn da waren.

Es ist kein Wunder, daß in einer globalen Umwelt, die dem menschlichen Körper und dem menschlichen Geist gegenüber so feindselig ist, Allergien ständig zunehmen.

Ich kenne selbst jenes Gefühl seelischer und geistiger Niedergeschlagenheit; gelegentlich überkommt es mich. Mißachtung, mangelnde Ehrfurcht für menschliche Wesen und menschliches Leben sind zweifelsohne der Hauptauslöser von Reaktionen des Widerstands, der Ungeduld und sogar der unvermuteten Aggression, die ich unter gewissen Umständen nicht mehr unter Kontrolle habe. Der Mißbrauch von Autorität, die Ausbeutung und Verfolgung von Menschen, die oft empfindsamer und mehr wert sind als der Ausbeuter oder Verfolger, ob er nun in unmittelbarer Nähe oder, wie dies in zunehmendem Maße möglich wird, aus der Ferne agiert – all diese Verirrungen, die heutzutage als normal und sogar durch sogenannte »ökonomische« oder »nationale« Umstände als »gerechtfertigt« gelten, diese Bedingungen, die wir in den niedrigsten und höchsten Gesellschaftsschichten antreffen, im Kopf und im Herzen der Menschen, sie sind mir ein Greuel.

Die Tatsache, daß man ausländischen Arbeitskräften, die man braucht, keine Möglichkeiten zur menschlichen und kulturellen Entfaltung gibt, ist ein Grund für viele soziale Unruhen. Unsere Einstellung Menschen gegenüber, die in ihrer Heimat in Armut und Verzweiflung, in den Bürgerkrieg getrieben werden, gegenüber einem irrsinnigen Wettrüsten, an dem die mächtigen Industrienationen »wirtschaftlich« verdienen, ohne das Umsichgreifen von Gewalt und Krankheit, von Elend und Unruhe zu bemerken, ohne zu heilenden Maßnahmen zu greifen – von Reue bis hin zu tatsächlicher Hilfe –, ist erschreckend. Nicht nur leben wir inmitten zunehmender Entfremdung und Gewalt, sondern auch zunehmender Allergien und Mißtrauen voreinander. Was mich selbst betrifft, so bin ich einer der vom Glück am meisten gesegneten Menschen. Ich habe die Musik, um mich auszudrücken und mitzuteilen, kann großartige und faszinierende Partituren studieren und meine Zeit damit verbringen, mich mit den größten Menschen und Werken der Vergangenheit und der Gegenwart zu beschäftigen. Natürlich darf es nicht sein, noch wird es bei meiner Veranlagung geschehen, daß Musik zu einer Flucht wird. Ich denke ständig über Wege und Mittel nach, in praktischer Hinsicht etwas zu verbessern, zu lindern, zu schützen, zu führen und anzuregen. Ich bin in der Tat ein vom Glück bevorzugter Mensch, der die Skala negativer Gefühle meist nur aus der Ferne erfahren hat – da meine unmittelbare Umgebung, meine Frau, meine Familie, meine Eltern und mein Publikum mir nichts als Anregung und Ansporn bringen.

Musik, Dichtung, die bildenden Künste, das Theater, Unterrichten und Konzertieren hatten mich in gewisser Weise eher mit den leidenschaftlichen und zärtlichen Empfindungen vertraut gemacht als mit dem rauhen Leben; erst allmählich reagierte ich unmittelbar auf das Gemeine und Abstoßende. Meine Lehrzeit dauerte lange – die Arbeit während des Krieges, bei der Tragödien oft unausweichlich waren oder, unter einem anderen Blickwinkel gesehen, doch vermeidlich und abwendbar gewesen wären, diese Gefühle des Bedauerns, der Schuld, der Pflicht und Verantwortung haben zunehmend Besitz von mir ergriffen.

Es gibt natürlich noch andere Aspekte meines sogenannten »Geheimnisses für meine Motivation, meine Energie und mein langes Leben«. Sie würden unter der Überschrift *Ernährung*, Essen und Trinken, Gymnastik und einer nicht fanatischen, phantasiereichen *Routine* aufgeführt.

Oft fragen mich Leute nach diesem »Geheimnis«, nach dem Grund für meine Kraft. Soweit ich weiß, könnte ich im nächsten Augenblick tot umfallen – vielleicht werde ich nicht einmal mehr da sein, um diese Worte zu lesen, wenn sie gedruckt sind –, und ich möchte nicht, daß der Leser glaubt, ich sei selbstgefällig oder selbstzufrieden, oder es mangle mir an Mitleid mit denen, die leiden. Ich hege größte Bewunderung für Menschen mit einer Behinderung – körperlicher, nervlicher oder geistiger Art –, die diese überwinden und ein Leben als bemerkenswert großzügige, hilfsbereite und nützliche Mitglieder der Gesellschaft führen. Eines der herausragenden Beispiele, ein Mann, den ich persönlich kennengelernt habe, ist Professor Stephen Hawking, der große Wissenschaftler, der nur mit Hilfe eines Stimmsynthetisators sprechen kann.

Was mich persönlich betrifft, so muß ich mich zu den meisten typischen menschlichen Schwächen bekennen. Ich rege mich auf, kann furchtbar wütend werden bis hin zu Mordgelüsten, und ich verliere die Geduld, meistens bei Bürokraten und Leuten, die ihre Autorität mißbrauchen. Allerdings habe ich insofern großes Glück, als ich im großen und ganzen von Natur aus geduldig und ausgeglichen bin.

Es gibt noch andere Aspekte meines sogenannten »Geheimnisses«. Abgesehen von einer allgemeinen Vorsicht im Hinblick auf das, was ich meinem Magen zumute, ernähre ich mich ganz einfach gesund. Ich esse nur selten Fleisch, dafür aber sehr viel Obst und Salat und kaum Süßigkeiten; sehr selten trinke ich Wein, und wenn, dann nur den besten.

Für sehr wichtig halte ich es, Stärke und Proteine in einer Mahlzeit miteinander zu kombinieren und zusätzliches Fett, Zucker und Salz zu vermeiden, soweit sie nicht von Natur aus in der Nahrung enthalten sind, die wir zu uns nehmen, sondern künstlich hergestellt werden; Vitamine, Mineralien und Aminosäuren sind die wichtigsten Bestandteile unserer Ernährung. Ich mag Olivenöl, Vollwertkost, Vollkornprodukte und frisches Müsli. Wenn ich einen anstrengenden Vormittag oder gar einen langen Tag vor mir habe, stärke ich mich mit einem kräftigen Haferbrei. Gelegentlich unterliege ich der Versuchung, ein Stückchen Schokolade zu essen, aber nur solche, die aus fast ganz (zu neunzig bis fünfundneunzig Prozent) reinem Kakao besteht, nie Milchschokolade. Gutes, sauberes Wasser und Kräutertee decken meinen Flüssigkeitsbedarf, aber ich bin, wie der Leser inzwischen wohl gemerkt hat, kein Fanatiker; daher genieße ich gelegentlich durchaus eine hervorragende Tasse kubanischen Kaffees oder ein herrliches Glas Wein (ohne Zusätze, Konservierungsmittel oder irgendwelche chemischen Geschmacksverstärker), solange nicht ein Konzert oder eine wichtige Besprechung bevorsteht. Mein Leben lang war es mein Traum, mit bloßen Füßen reife Weintrauben zu zerstampfen, wie es in einigen vom Glück begünstigten Anbaugebieten noch gemacht wird. Die gängigen Getränke sind mir ein Greuel, ebenso alle Schokoladenriegel und andere billige Süßigkeiten. Ein weiteres wichtiges Element in meinem Leben ist Gymnastik. Es reicht nicht aus, das zu tun, was man tun muß, wir müssen uns auf alles vorbereiten. Ein Ballettänzer beziehungsweise eine Tänzerin kann nicht tanzen, nur weil er oder sie sich danach fühlt; ein beträchtlicher Teil des Tages ist dem Training vorbehalten, das notwendig ist, um den Körper auf die ekstatische Spontaneität und Leichtigkeit vorzubereiten, mit denen eine Phantasievorstellung in Bewegung umgesetzt wird. Wir müssen uns das Schöne vorstellen, ehe wir es schaffen; wir müssen wissen, was wir mitteilen wollen, ehe wir die richtigen Worte dafür suchen. In Wirklichkeit erscheinen die meisten völlig unvorbereitet zu ihren täglichen Pflichten. Vielleicht kleiden sie sich sogar schon an, noch ehe sie sich gewaschen haben; vielleicht ziehen sie ihre Kleider über, ehe sie herumgerannt sind oder sich auf allen vieren ausgestreckt haben, was für mich die wichtigste Übung ist. Auf allen vieren kann man den Körper in seiner ganzen Länge trainieren, das Gewicht diagonal vom rechten Arm auf das linke Bein, vom linken Arm auf das rechte Bein verlagern und umgekehrt; damit exerziert man zwei zyklische Abläufe durch. Oder man legt sich auf den Bauch und trommelt mit allen vieren einen Rhythmus; eine andere Übung ist es, in einem der zyklischen Abläufe auf allen vieren zu gehen oder zu laufen; alle Übungen kann man auf dem Bauch, auf dem Rücken oder auf der Seite liegend ausführen. In der Seitenlage läßt sich mit dem Gewicht der Füße der Körper in Gegenrichtung zu einer ruckartigen Armbewegung drehen. Oder man legt sich flach auf den Boden und dehnt und streckt dann die Glieder. Das stärkt die Bauch- und Rückenmuskeln enorm. Die gleiche Übung läßt sich auch in der Rückenlage durchführen. Sie können in Ihrer Vorstellung die vier Gliedmaßen in einer rhythmischen Abfolge bewegen, indem Sie die Hände und Füße in diesem Rhythmus der Reihe nach strecken und dehnen und dabei gelegentlich mit Hilfe der Muskeln den Rücken abstützen. Man kann im Stehen mit Armen und Beinen schlenkern und dabei den Kopf rollen oder aber sehr langsam in einer gleichmäßigen Bewegung dahinschreiten, je langsamer, desto weniger nach vorn gebeugt. Den Körper sollte man in der oberen Rückenpartie immer gerade halten, wobei die Taille biegsam bleibt, so daß Richtung und Geschwindigkeit die Neigung des Körpers bestimmen.

Der Unterschied zwischen Gehen und Laufen ist der gleiche wie zwischen der Verlagerung des Gewichts von einem Fuß auf den anderen, wobei man bei jedem Schritt das Gewicht vom Boden hebt – letzteres ist natürlich nichts anderes als hüpfen. Es ist eine Wonne, mit seinem ganzen Gewicht auf dem abfedernden Fußballen zu landen und den Sprung zu spüren. Beim Gehen kommt es immer zu einer »Verdrehung« unserer einzelnen Körperteile; sie gehört wesentlich zu allen Bewegungen. Auf dem Boden kann man Handstand oder Yogakopfstand machen, und sei es gegen eine Wand, oder mit gekreuzten Beinen Yogaatemübungen durchführen. Die Stellungen sind nicht schwierig, aber sie müssen sehr behutsam und allmählich eingeübt werden. Es bringt nichts, dem Körper Gewalt anzutun oder gegen die Steifheit der Muskeln und des Skeletts eine bestimmte Stellung zu erzwingen. Diese müssen mit der Zeit nachgiebiger, biegsamer und damit kräftiger werden.

Kopf- und Handstand sollten zum täglichen Programm gehören, besonders für Leute, die einen Großteil des Tages auf den Beinen verbringen. Ich bin überzeugt, Krankenschwestern und Verkäuferinnen bekämen keine Krampfadern, ihre Beine und Knöchel würden kaum anschwellen, ihr Kreislauf wäre besser, wenn sie ein paarmal am Tag diese Übungen ausführten. Auch die Polizisten wären dann vielleicht alle so geduldig und freundlich, wie sie es in London seit jeher sind. Beim Baden kann man sich auf alle nur erdenkliche Weise schrubben oder klopfen; letzteres ist äußerst hilfreich, ebenso wenn man mit den flachen Händen oder der Faust auf den Kopf oder, im Schneidersitz, mit den Handflächen auf die Fußsohlen schlägt. Auch ein Verdrehen der Finger und Zehen und aller vier Gliedmaßen tut sehr gut. Es ist nicht notwendig, alle diese Übungen jeden Tag zu machen; die einzige, die man meines Erachtens nie auslassen sollte, ist das Gehen und Sichstrecken auf allen vieren, wobei der ganze Körper von der Hüfte über die Taille bis zu den Schultern bewegt werden soll. Den Rest kann man im Sitzen erledigen, sogar im Flugzeug oder im Bett.

Mein Lebensstil, der es mit sich bringt, daß ich einen Großteil meiner Zeit mit Lesen, Telephonieren, dem Studieren von Partituren und dem Schreiben von Briefen in Hotelzimmern verbringe, macht mir die gängigen Trainingsarten unmöglich. Zwar gibt es in den meisten großen Hotels Swimmingpools und Fitneßräume mit allen möglichen neumodischen Apparaten zum Stoßen oder Ziehen, zum Laufen und Strecken, aber ich finde, ich kann das alles auch allein mit meinen Gliedmaßen schaffen. Ich kann mich ausstrecken und die Fingerspitzen der einen Hand gegen die Fläche der anderen pressen und umgekehrt. Bei einer anderen Übung bewege ich meine Hände aufeinander zu und dehne damit meinen Rücken. Oder ich ziehe meine Hände voneinander weg und verdrehe bei diesen Übungen die Arme auf jede beliebige Weise. Dann wieder versuche ich zu spüren, wie die Bewegung so weit wie möglich zur Taille hinunter und von den Füßen zur Taille hinauf wandert. Es ist wichtig, sich die Taille als eine Art Kreuzung unseres Körpers und die Gesäßbacken als die stärksten Muskeln zur Fortbewegung vorzustellen.

Wasser bedeutet Vergnügen; von sehr heißen bis zu sehr kalten Sitzbädern und Duschen (wobei man immer mit dem kalten Wasser aufhören soll), die ganze Skala, vom faulen Dahintreiben im Wasser bis zum Schwimmen im nicht allzu bewegten Meer. Sich im Wasser zu strecken, wobei man mit den Beinen strampelt oder die Hände von der Taille aus aufwärts und abwärts bewegt, ist sehr wohltuend. Im Salzwasser auf dem Rücken zu liegen und dabei alle Körperteile mit ihrem Eigengewicht treiben zu lassen entspannt den Körper und macht ihn gelenkig. In einem kalten Gebirgsbach wassertreten... Unmittelbare, sengende Sonnenbestrahlung sollten wir vermeiden, aber den nackten Körper der Luft, dem Wasser, Wind, Regen und Schnee auszusetzen: all dies sind genauso köstliche Empfindungen, wie Musik und Dichtung sie uns bieten. Mir tun all die Leute leid, denen so große Vergnügen entgehen, die so wenig Zeit erfordern. Ich glaube letztlich auch, daß alle diese Übungen gemeinschaftlich durchgeführt werden sollten, obwohl ich selbst das noch nie gemacht habe. In dieser Hinsicht sind die Chinesen am pragmatischsten, die regelmäßig jeden Morgen ihre Taichi-Übungen absolvieren – allein, in einsamer Konzentration, oder aber in der Gruppe. Ich glaube, das ist einer der Hauptgründe für ihre Leistungsfähigkeit, ihre Ausdauer und für ihre gute Laune. Zudem überfordern sie nie ihr Verdauungssystem. Keine Frage, die Chinesen essen zu hastig, was an den Eßstäbchen liegt. Sie genießen es, ihre Suppe zu schlürfen und dabei genüßlich zu rülpsen. Lautes Rülpsen gilt als Anerkennung des Gastgebers oder der Gastgeberin. Unsere zurückhaltende Art, die in den besten Restaurants Englands die schickliche Atmosphäre schafft, stellt einen gewissen Zwang dar.

Zu meinem »Geheimnis« gehört auch, daß ich im allgemeinen mit interessanten Gedanken und Gefühlen umgehe, die sich aus der Musik und jenen Anliegen, die mich mein Leben lang beschäftigt haben, ergeben. Ich bin nicht allzu abhängig davon, meine Gefühle durch beiläufige Formen der Unterhaltung zu stimulieren, obwohl ich durchaus, wie jedermann, auf gute Theaterstücke oder Filme anspreche. Im Verlauf meiner Karriere habe ich es nie für notwendig erachtet, verschlagen oder berechnend zu sein, vielleicht weil ich einfach zu faul oder zu einfältig bin, um das aufreibende Spiel des Schwindelns und Lügens genießen zu können. Erstens könnte ich mich niemals daran erinnern, was ich gesagt habe, und würde mich bestimmt in meiner eigenen Falle verfangen, so daß man kurzen Prozeß mit mir machte. Ich finde es unendlich viel einfacher und sicherer, keine solchen Risiken einzugehen und meine begrenzten Mittel nicht übermäßig zu strapazieren. Ich glaube wirklich, um die Welt steht es um so besser, je weniger wir einander belügen und je mehr Vertrauen zwischen den Mitgliedern einer Gemeinschaft wir schaffen. Täuschungen und Lügen holen uns immer ein, und unsere Kinder sind die ersten, die uns mit untrüglicher Sicherheit auf die Schliche kommen.

Ansichten und Anliegen

In meinem Herzen war ich stets Europäer und bin es auch geblieben. Von allem Anfang an liebte ich die europäische Musik, ob sie nun aus den westlichen oder östlichen Ländern, aus dem Mittelmeerraum oder aus Skandinavien stammt.

Ich bin den europäischen Kulturen tief verbunden und habe unauflösliche Verbindungen nicht nur zu ihrer Musik, sondern auch zu den Menschen geknüpft. Diese Bindungen sind um so stärker, als sie aus dem Umgang mit großen Meisterwerken und den Errungenschaften der verschiedenen Kulturen erwuchsen. Dies gibt mir einen Schlüssel zu den Herzen der Menschen, ihrer Art zu denken, ihrem kulturellen Hintergrund und ihrer Geschichte, wenn auch nicht zu den Verirrungen der Politik und der von Vorurteilen bestimmten Verhaltensweisen.

Nach dem Zweiten Weltkrieg gelang es mir, unmittelbar Kontakt zu den Deutschen aufzunehmen und vielleicht dazu beizutragen, ihnen die Ungeheuerlichkeit der an den über sechs Millionen Juden, 500 000 Sinti und Roma, unzähligen Slawen und anderen Opfern begangenen Verbrechen bewußt zu machen, da ich der erste internationale Künstler – und darüber hinaus amerikanischer Jude russischer Herkunft – war, der ihnen einen ihrer bedeutendsten Beiträge zur Kultur der Menschheit, die größten Werke ihrer Musik, zurückbrachte.

Mein erster Besuch nach dem Krieg, im Jahre 1945, der dazu bestimmt war, für die Überlebenden der Lager Konzerte zu geben, führte viele Jahre später zu der Einladung eines deutschen Fernsehsenders, noch einmal Bergen-Belsen aufzusuchen. Ich nahm die Einladung an und traf am 30. November 1994 dort ein. Als ich einen Rundgang durch das schreckliche Gelände machte, Kopf und Herz voll von dem, was ich vor nahezu fünfzig Jahren dort gesehen und gefühlt hatte, war ich zutiefst bewegt; ich war mir jedoch auch bewußt, daß es leicht ist, bewegt zu sein, aber viel wichtiger, die richtigen Schlußfolgerungen zu ziehen. Wir sollten uns hüten, zu glauben, die Deutschen seien allesamt böse gewesen; von grundlegender Bedeutung ist es, intensiv darüber nachzudenken, wie man in Zukunft etwas derart Paradoxes verhindern kann: daß eine so überaus kultivierte Nation in derart primitives Verhalten zurückfällt. Es gibt nach wie vor Fanatiker vieler Nationalitäten, denen der Sinn nach Töten steht und die dies mit dem widerwärtigen Begriff der »ethnischen Säuberung« glauben rechtfertigen zu können. Der Wille und die Fähigkeit, ganze Völker auszulöschen, sind heute weiter verbreitet denn je. Mein Ziel, das ich mit der Musik wie auch mit meinen pädagogischen Projekten erreichen will, ist es seit langem, diesem Übel entgegenzuwirken durch eine Förderung der Verständigung zwischen den Menschen, durch eine Stärkung des Gefühls, daß wir doch alle Menschen und voneinander abhängig sind. An jenem Tag in Bergen-Belsen war es mir ein kleiner Trost, daß die Natur das Gelände in Besitz genommen hat, daß Erde, Gras und Bäume die Massengräber bedecken. Ich will nicht vergessen, keineswegs, aber ich finde, das Leid sollte nicht zu einem Territorium werden, das man für sich in Anspruch nimmt. Genozid war und ist ein Verbrechen, nicht nur der Holocaust; das sollten wir nie vergessen und davor erschrecken, was der Mensch dem Menschen antun kann, welche Schuld jeder von uns auf sich laden kann.

Als ich durch die Halle streifte, in der 1945 Benjamin Britten und ich gespielt hatten, strömten die Erinnerungen zurück. Das Podium war nicht mehr da, aber ich erkannte die Wände wieder. Natürlich war ich allein mit meinen Erinnerungen; das Publikum, jene Menschen, die in Bergen-Belsen so unsäglich gelitten hatten, waren inzwischen wohl fast alle tot, so wie mein lieber Freund Benjamin Britten auch. Ich selbst konnte nur mit Mühe die Tränen zurückhalten. Ich bin es gewohnt, das, was mich erschreckt und bestürzt, nur durch Musik zum Ausdruck zu bringen, untersage mir jedoch dabei jede übertriebene Dramatisierung. Diese emotionale Selbstdisziplin habe ich von meiner Mutter geerbt. Nie habe ich sie weinen sehen, niemals, und sie verbot auch mir zu weinen. Ich erinnere mich, wie ich einmal wegen schrecklicher Ohrenschmerzen zu einem Spezialisten ging. Er mußte das Ohr punktieren, und meine Mutter sagte zu mir: »Du wirst nicht weinen.« – »Vielleicht doch«, antwortete ich. – »Wenn du weinst, weine ich bestimmt auch.« – »Dann«, erwiderte ich, »werde ich nicht weinen.« So war es für mich damals, und so ist es heute noch.

Seit jeher fühle ich mich den Deutschen verbunden, besonders den Menschen in Berlin, wo man mich zum ersten Mal willkommen geheißen hat, als ich zwölf Jahre alt war. Unzählige Male habe ich in Deutschland gespielt und dirigiert, wahrscheinlich öfter als irgendwo sonst auf der Welt: Das Verständnis des deutschen Publikums und die Resonanz, auf die ich dort stoße, sind einmalig. Zudem habe ich bei den Deutschen eine besondere Empfänglichkeit für meine politischen und sozialen Vorstellungen festgestellt; die deutsche Denkweise und Sprache gehen mit derlei philosophischen, abstrakten Vorstellungen wohl auf selbstverständlichere Art und Weise um als die Engländer. Wie dem auch sei, es war ungeheuer aufregend und erfüllte mich mit großem Stolz, daß ich bei einigen wegweisenden Ereignissen in Deutschlands jüngster Geschichte dabeisein konnte.

1987 wurde ich eingeladen, zur Feier des 750. Gründungstages der Stadt in Berlin einen Bach-Abend zu gestalten, und man kann sich wohl vorstellen, mit welcher Erregung und Freude ich, zusammen mit dem Rest der Welt, zwei Jahre später den Fall der Berliner Mauer beobachtete. Eigentlich war mir als Musiker das frühere Ostdeutschland nie ganz verschlossen gewesen; tatsächlich war ich in ebendiesem Jahr 1989, zu einem früheren Zeitpunkt, nach Dresden zurückgekehrt, wo ich 1929 zum ersten Mal gespielt hatte, um in der wundervoll wiederaufgebauten und restaurierten Oper die Staatskapelle zu dirigieren. Und entgegen der offiziellen Politik feierten das Publikum, die Oper und das Orchester diesen sechzigsten Jahrestag.

Drei Jahre darauf lud man mich ein, in Berlin auf einer Veranstaltung zum dritten Jahrestag des Falls der Mauer eine Rede zu halten. Zu diesem Zeitpunkt war die erste Euphorie nach dem Zusammenbruch des sowjetischen Sy-

stems und seiner Satelliten allmählich Gefühlen der Unruhe und Sorge gewichen, als sich die gewaltigen Probleme,
die die neue Freiheit mit sich brachte, bemerkbar machten.
Ich äußerte zwar meine tiefe Zufriedenheit über alles, was
zur Überwindung der Tyrannei und zur Öffnung der Tore
in eine neue Welt geschehen war, versuchte jedoch, nicht
nur zu preisen, sondern auch zu warnen. Ich sprach von
den beängstigenden Untertönen bei allen Äußerungen zur
deutschen Wiedervereinigung, die in meinen Ohren eher
nach Rück- als nach Fortschritt klangen, und von den noch
alarmierenderen Reaktionen, die in den häßlichen Slogans
der neofaschistischen Rechten widerhallten. Außerdem
nutzte ich die Gelegenheit, um einige meiner Träume und
Pläne für ein wahrhaft neues, freies Europa zu umreißen,
das aus dem Zusammenbruch der alten Strukturen entstehen könnte.

In meiner Rede wies ich besonders auf den ehemaligen
Führer der Sowjetunion hin, auf den Architekten von Glas-
nost und Perestroika, auf einen Mann, für den ich damals
wie auch heute ungeheure Bewunderung und Respekt empfinde, Michail Gorbatschow. Auch in diesem Fall waren die
Jahre des kalten Krieges aufgrund meiner engen Verbindungen zu Rußland und zu russischen Musikern, und zwar
auf menschlicher wie auf musikalischer Ebene, für mich
nicht ganz so eisig gewesen wie für viele andere; aber der
Leser, der meine bisherige Geschichte kennt, wird sich
denken können, daß mich meine unverbesserliche Offen-
heit in etlichen Situationen bei den starrsinnigen sowjetischen Kulturfunktionären nicht eben beliebt gemacht
hatte. Natürlich verfolgte ich den Aufstieg Gorbatschows

und alles, was sich daraus entwickelte, mit gespannter Aufmerksamkeit. Oft mußte ich an ein Gespräch mit Peter Ustinov denken, das wir einige Zeit vor Gorbatschows Erscheinen auf der politischen Bühne führten. Jeder, der mit einiger Wahrscheinlichkeit einen Wandel in Rußland herbeiführen könnte, so sagte er zu mir, müßte aus den Rängen des KGB selbst stammen, da dies die einzigen Leute in Rußland seien, die eine Vorstellung von der übrigen Welt hätten, und zwar aus dem einfachen Grund, weil sie alle verbotenen Bücher und Zeitungen gelesen hätten und natürlich ständig mit ihren Spionen in Verbindung stünden. »Der Mann, der in der Lage sein wird, Rußland auf einen anderen Weg zu bringen, muß aus diesem informierten Zirkel kommen«, erklärte er. »Andere informierte Kreise gibt es nicht.« Ustinov verfügt über einen außergewöhnlichen Instinkt, insbesondere wenn es um das Land seiner Väter geht, und es hat sich ja gezeigt, wie recht er hatte. Diana kennt Peter von Kind auf, und wir sind gute Freunde.

In den letzten Jahren war ich wieder oft in Rußland, und wie andere, die das russische Volk und sein Engagement für die höchsten Standards in Kultur und Bildung kennen und lieben, die es während jener finsteren Jahre gegen fürchterliche Widerstände aufrechterhielt, beunruhigten mich der häßliche Materialismus und die Flut von Verbrechen und Gewalt, die über das Land hereinbrach, zu einer Zeit, da es um wahre politische und intellektuelle Freiheit kämpft. Zu meinen vertrautesten und am meisten geschätzten Kollegen zählen der große Dirigent Gennadi Roschdestwenski und seine Frau, die brillante und beliebte Pianistin Wiktorija Postnikowa. Meine Zusammenarbeit mit ihnen und so hervorragenden Ensembles wie den Moskauer Virtuosen unter ihrem dynamischen Leiter Wladimir Spiwakow und der Sankt Petersburger Camerata ist natürlich noch genauso befriedigend wie immer; aber ein- oder zweimal in den letzten Jahren (ich möchte nicht näher darauf eingehen, bei welchen Gelegenheiten) stellten sowohl Diana als auch ich einen Wandel bei dem Publikum fest, das zu meinen Konzerten kommt. An die Stelle der wirklich interessierten und engagierten, oft ärmlichen Musikliebhaber, die stundenlang in der Kälte für eine Karte anstanden, ist eine wohlhabende Möchtegernelite getreten, deren Musikverständnis und -interesse uns nicht besonders beeindruckt haben.

1990 hatte ich die Ehre, an einer Sitzung des Europarats in Straßburg teilzunehmen, wo ich zusammen mit den Moskauer Virtuosen ein Konzert für die Sacharow-Stiftung gab. Ich war Andrei Sacharow einmal begegnet, als er in die amerikanische Botschaft in Moskau gekommen war, um mir ein Exemplar seines Buches zur Zukunft Europas zu überreichen; er war gewiß einer der tapfersten und großmütigsten Männer unseres gequälten Jahrhunderts. Ich war stolz, ihm endlich meine Hochachtung ausdrücken zu können und seiner ebenso mutigen Frau meine Ehrerbietung zu erweisen. Allerdings irritierte mich, daß das Gespräch eine eindeutig politische Wendung nahm, als die Anhänger Boris Jelzins alles taten, um Gorbatschow schlechtzumachen. Für mich war es ein Jammer, daß diese Gelegenheit auf eine Weise ausgenutzt wurde, die dem Charakter und den Überzeugungen Sacharows selbst keineswegs gerecht wurde. Wie viele im Westen lebende

Beobachter bedaure auch ich nach wie vor, daß Gorbatschow die Bemühungen, sein Land aus dem Sumpf herauszuführen, nicht weiterverfolgen konnte. Jelzin, ein äußerst couragierter Politiker, ist eher ein Populist und eben deswegen vielleicht in der Tat der einzige, der unter den gegenwärtigen Umständen Rußland regieren kann; aber in meiner Sympathie rangiert nach wie vor Gorbatschow, mit seiner Ausgewogenheit von Herz und Verstand, an erster Stelle.

Noch aus einem weiteren Grund halte ich mich für einen guten Europäer: Meine Ursprünge liegen in den beiden riesigen Ländern, zwischen denen Europa sich befindet – Rußland und den Vereinigten Staaten; zusammen mit meiner Familie ließ ich mich in England und in der Schweiz nieder. Darüber hinaus betrachte ich Europa aus der Perspektive des Nahen Ostens, Griechenlands und Nordafrikas und, da meine Vorfahren nicht nur aus dem mediterranen Bereich stammen, auch von den asiatischen Steppen und den nördlichen Ländern jenseits des Baltikums aus. Ich spreche daher als ein Mensch, der auf keine spezifische Kultur beschränkt ist, sosehr ich auch als Musiker der Tradition jeder einzelnen verpflichtet bin, sei sie nun slowakisch, katalanisch, schottisch, englisch oder bayerisch. Dadurch bin ich vielleicht in höherem Maße Europäer als der Vertreter irgendeiner dieser Nationen. Ich achte jede dieser Kulturen, liebe ihre Musik, ihr Brauchtum, ihre Kunst und Literatur, ihren Dialekt und ihren unschätzbaren Beitrag zum Reichtum der europäischen Zivilisation.

Die Schweiz betrachte ich als den Mikrokosmos einer größeren europäischen Gemeinschaft, denn sie ist ein

Land, das zu einem Gleichgewicht zwischen der kulturellen Autonomie jeder einzelnen Region und der Konföderation vieler Kantone gefunden hat. Die Schweiz stellt eine vielgestaltige nationale Gemeinschaft mit vier Grundsprachen, vier Grundkulturen und zwanzig Kantonen dar. Außerhalb des Landes gab es in der Vergangenheit schreckliche Kriege zwischen allen diesen Gruppen, doch innerhalb der Grenzen der Schweiz gelang es ihnen, friedlich zusammenzuleben. Dies erreicht zu haben, noch dazu im Herzen Europas, halte ich für eine bemerkenswerte Leistung. Natürlich beruht sie weitgehend auf der geographischen Lage, dem gebirgigen Land, der stolzen und unabhängigen Kultur eines jeden Tales – das seinen eigenen Dialekt, seine besondere Tracht und seine Tänze hat –, aber auch auf einem gemeinsamen Willen, unabhängig zu bleiben und sich nicht in die Kriege und Machenschaften des Kontinents Europa verstricken zu lassen. Mehr als tausend Jahre sind seit diesem Entschluß vergangen. Da die Schweiz immer ein sicherer Zufluchtsort war, wurde sie reich, nicht aufgrund von Öl, Gold, Eisenerz oder Kohle, sondern aus zwei Gründen: Sie ist ein sicherer Ort für Investoren, und die Einwohner arbeiten hart. Daher war ich, obwohl ein überzeugter Verfechter der Europäischen Union – wie sehr ich sie gelegentlich auch kritisiere –, gegen die Aufnahme der Schweiz in die Gemeinschaft, da ich das Gefühl hatte, die Schweizer Standards könnten dadurch nur gesenkt und verwässert werden. Bei dem Schweizer Referendum sprach ich mich also dafür aus, daß die Antwort weder »ja« noch »nein« lauten sollte, sondern »noch nicht«.

Bislang ließ die Europäische Union sich von einem veralteten Nationalismusbegriff leiten. Sie ist nach wie vor eine Ansammlung verschiedener Nationalstaaten, von denen keiner mehr wirklich souverän ist und sich selbst aus eigener Kraft verteidigen könnte. Diese Nationen wollen unbedingt den Schutz, den die Europäische Union bieten kann, aber ihre Souveränität wollen sie nicht aufgeben. Dem liegt ein elementarer Denkfehler zugrunde. Wenn die Unabhängigkeit des Denkens sowie der Respekt vor der eigenen Kultur nur durch eine Bombe, eine Armee oder eine waffenstarrende Grenze garantiert werden können, dann ist dies kaum das richtige Rezept für den Frieden. In dieser Hinsicht ist Israel kein nachahmenswertes Beispiel, dem andere folgen sollten, außer es wird ein Vorbild für eine vollständige Versöhnung verschiedener ethnischer Gruppierungen. Daher ist es von grundlegender Bedeutung, daß die Europäische Union den Kulturnationen, aus denen sie sich zusammensetzt, als Gegenleistung für ihre Unterstützung Sicherheit garantiert und sie in die Lage versetzt, in Sachen Tradition und Sprache kulturell möglichst autonom zu bleiben und einen unmittelbaren und anerkannten, ja sogar entscheidenden Einfluß auf die Gesetzgebung innerhalb der Europäischen Union auszuüben.

Die Tatsache, daß es heute Bestrebungen gibt, Italien, Großbritannien und Spanien aus der Gemeinschaft auszuschließen, weist darauf hin, wie wichtig es ist, ein – wie ich es bezeichne – Parlament der Kulturen zu schaffen. Diese Idee nimmt in meiner Phantasie und meinem Denken immer mehr Raum ein. Ich bin überzeugter denn je, dieses Parlament würde ein wichtiges Gegengewicht zu dem derzeitigen Parlament der Nationen darstellen, das seinen Sitz in Straßburg und Brüssel hat.

Nach meiner Vorstellung sollte es nicht so strukturiert sein wie ein Parlament, das aus gewählten Vertretern besteht. Es handelte sich vielmehr um ein Parlament von ausgewählten Männern und Frauen (und bestimmt nicht Berufspolitikern), die aufgrund ihres Wissens und ihrer Erfahrung in einem speziellen Bereich ausgewählt werden, mit einem spezifischen Problem vertraut sind und mit einer Sondermission zur Lösung dieses Problems betraut werden. Diese Probleme würden von den Mitgliedern eines Parlaments der Staaten und den sachkundigen Delegierten des Parlaments der Kulturen diskutiert. Von einem besonderen Kulturkreis, einem Volk oder einer Region berufene Vertreter würden beispielsweise über die Verschmutzung des Wassers, die Gefährdung der Wälder, über Erziehung, Gesundheitswesen, Wohnungsbau und Einschränkungen des Tourismus reden. Für die Zeit, in der sie nicht ihren normalen Pflichten nachgehen können, sollte ihnen ein bestimmter Tagessatz gewährt werden. Nachdem sie zwei- oder dreimal einen solchen Auftrag erfolgreich ausgeführt haben, würden sie Mitglieder des Parlaments der Kulturen.

Natürlich wäre eine zentrale Verwaltung nötig, die jedoch nicht aus riesigen Gebäuden mit tausend Büros, fünftausend festangestellten Sekretärinnen und einem riesigen Budget bestünde. Es wäre eher ein elektronisches Netzwerk, das Nervenzentren in ununterbrochener Kommunikation miteinander verbindet und ein zentral gelegenes Hauptquartier hätte, dessen Sitz höchstwahrscheinlich in Berlin und dessen erster Leiter der herausragende Anthropologe Constantin von Barloewen wäre, der über eine unvergleichliche Kenntnis der Kulturen der Welt verfügt. Grundlegendes Prinzip wäre es, daß keine Entscheidung gefällt werden kann, bis die Mitglieder des Parlaments der Staaten und die des Parlaments der Kulturen sich über ein bestimmtes Thema einigen können. Selbstverständlich können dringende Entscheidungen anstehen, die keinen Aufschub dulden, aber ich glaube, die Abgeordneten des Parlaments der Kulturen stünden unter größerem Handlungsdruck als die die einzelnen Staaten vertretenden Politiker, die ein festes Gehalt beziehen.

Der Grund, weshalb ich Berlin als Sitz dieses Nervenzentrums vorschlage, ist der, daß Deutschland wohl am ehesten daran interessiert wäre, diese Idee zu übernehmen und durchzuführen. Ich glaube, die Mehrheit der Deutschen spürt immer deutlicher, wie dringlich es ist, Teil Europas zu werden, und zwar auch Osteuropas, in einer Gemeinschaft von Kulturen, nicht nur einzelner Volkswirtschaften. Das stellte den wirksamsten Schutz gegen einen Rückfall in die tödlichen Gefahren einer souveränen Eigenstaatlichkeit und eines fanatischen Nationalismus dar. Denn davor haben alle Angst, und Europa wie auch Deutschland selbst haben auch allen Grund dazu. Ich kann bereits auf die Unterstützung zahlreicher weitsichtiger Männer und Frauen in Deutschland wie auch in anderen Ländern der Europäischen Union und vor allem in der Kommission und dem Parlament in Brüssel und dem Europarat in Straßburg zählen.

Seit ich mich in England niedergelassen habe, ist mir der Charakter eines stolzen Volkes deutlich geworden, eines

Volkes, das jahrhundertelang souverän war, das einst die Meere und ein Sechstel der Erdoberfläche beherrschte und dessen Inselgeist sich nicht so ohne weiteres damit abfinden kann, daß er sich den Vorschriften einer Bürokratie in Brüssel unterwerfen soll. Für diesen britischen Wesenszug zeigte, meinem Empfinden nach, Brüssel bislang zuwenig Verständnis. Denn in Wirklichkeit war die britische Abordnung immer mindestens genauso gewissenhaft wie ihre Kollegen aus anderen Ländern, wenn es darum ging, den Verpflichtungen gegenüber der Union nachzukommen. Zu erwarten, daß sie die eiserne Faust einer bürokratischen Gesetzgebung akzeptieren, noch dazu, wenn sie vom Kontinent stammt, wäre jedoch zuviel verlangt. Sie hatten nie eine schriftlich niedergelegte Verfassung, sondern verließen sich statt dessen auf Präzedenzfälle, Konventionen, Anstand und gesunden Menschenverstand. Ich wende mich mit allem Nachdruck gegen Bemühungen, jeden menschlichen Kontakt und jede geschäftliche Transaktion in Großbritannien oder irgendeinem anderen Land nach amerikanischem Muster gesetzlich zu regeln.

Merkwürdigerweise trifft diese Entwicklung, die ich in internationalem Maßstab für genauso gefährlich halte, in England nicht auf genügend Widerstand. Soweit ich weiß, ist in Washington jeder siebte Einwohner Anwalt. Gott schütze uns vor einer weiteren Verbreitung ihres beschränkten, unverständlichen und verwirrenden juristischen Kauderwelschs! Erwarten sie im Ernst, daß eine zivilisierte Gemeinschaft von Menschen ganze Bände voller Paragraphen wälzt, ehe einer den anderen auf der Straße begrüßt, ihn zum Essen einlädt oder mit ihm zu einer Einigung kommt? Es ist eine Beleidigung für den menschlichen Geist, unsere Unterwerfung unter eine neue Theokratie sogenannter juristischer Köpfe zu fordern, Jahrtausende, nachdem wir über die theokratische Herrschaftsform hinausgewachsen sind, unter der jede menschliche Handlung, einschließlich jedes Akts der Hygiene und des Geschlechtsverkehrs, von religiösen Autoritäten vorgeschrieben wurde.

Das Empire ist untergegangen, wie es mit Reichen eben geschieht, und die Länder des Commonwealth haben nicht mehr so enge Bindungen wie früher an das ehemalige Mutterland. Dennoch stellt das Commonwealth eine Ansammlung von Menschen dar, auf deren Unterstützung wir in den vielen Krisen, die uns noch bevorstehen, angewiesen sind. Welcher Wert den Bindungen innerhalb des Commonwealth zukommt, wurde mir sehr lebhaft im Frühjahr 1994 bewußt, als ich nach vielen Jahren wieder einmal nach Südafrika reiste, das jetzt glorreich von der Schmach und Schande der Apartheid befreit ist. Ich hielt mich zur gleichen Zeit dort auf wie die Königin, und es konnte gar keinen Zweifel an der – symbolischen und menschlichen – Bedeutung ihrer Anwesenheit an der Seite Präsident Nelson Mandelas geben. Meine Konzerte waren anregend und heiter, vor allem eines mit dem Litauischen Kammerorchester in einer der Townships am Rande von Johannesburg, mit einem hervorragenden schwarzen Chor und der wundervollen schwarzen Mezzosopranistin Sibongile Khumalo, einer Südafrikanerin. Ehe das Publikum uns gehen ließ, stimmte der Chor spontan einige der traditionellen Lieder und Tänze an.

Ich finde, das Commonwealth sollte auf irgendeine Weise in der europäischen Union vertreten sein, damit wir Themen von weltweiter Bedeutung mit jenen diskutieren können, die uns von der Geschichte her nahestehen. Idealerweise sollten derlei Kontakte und Konsultationen von wirtschaftlichen Rivalitäten, politischen Empfindlichkeiten oder dem Gefühl der Benachteiligung in Handelsangelegenheiten möglichst unberührt bleiben. Wirtschaftliche Vorherrschaft ist mit Sicherheit nicht der Schlüssel zur Lösung der Probleme in der Welt. Betrachten Sie nur den wirtschaftlichen Aufschwung von Ländern wie Japan, Korea und auch Indien (wo die jährliche Wachstumsrate zwischen vierundzwanzig und neunundzwanzig Prozent liegt); wie weit können wir auf diesem »Weg des strahlenden, berauschenden Erfolgs« noch gehen? Können wir wirklich zehnmal so viele Autos verkraften, wie es bereits heute in Tokio, Seoul und Bombay oder auch in London gibt? Können wir wirklich in einer Luft leben, die zehnmal so stark verschmutzt ist? Können wir zehnmal soviel Rücksichtslosigkeit, Verbrechen, Gewalt, all die Anschläge auf unsere Würde und Sicherheit ertragen, wie wir Großstädter sie jetzt schon erdulden?

Ich habe mittlerweile das Gefühl, daß ich – wie der Leser inzwischen hoffentlich bemerkt hat – in diesem Abschnitt meines Lebens, im Licht so vieler Begegnungen mit den Führungspersönlichkeiten zahlreicher Länder und meiner Kontakte zur Welt der Politik in Kriegs- und Friedenszeiten, einen bestimmten Weg finden möchte, wie ich Europa und der Welt dienen kann. Zu diesem Zweck ergreife ich jede Gelegenheit, um mit Staatsmännern und Politikern,

Geschäftsleuten, Wirtschaftsfachleuten und anderen zusammenzutreffen, die einen unmittelbaren Einfluß auf das Leben von uns allen ausüben, in der Hoffnung, daß ich von ihnen lerne und daß gelegentlich vielleicht sie ihrerseits mir Gehör schenken, wie man die kulturellen und humanitären Belange am besten fördern könnte. Gar nicht eigens zu erwähnen brauche ich wohl meinen ständigen Kontakt zu Studenten an Universitäten und zu Orchestern in aller Welt, zu den Zigeunern und anderen verfolgten Völkern.

Ein internationales Treffen, das erstaunlich viel Gelegenheit zu Begegnungen von Leuten bietet, die einander sonst vielleicht nie über den Weg laufen, ist das Weltwirtschaftsforum, das jedes Jahr in Davos stattfindet. Ich hatte die Ehre, bei drei Konferenzen zu sprechen, die ich jeweils mit einem kleinen Konzert eröffnete. In meinen Augen waren es faszinierende und konstruktive, vielversprechende Begegnungen mit bemerkenswerten Leuten aus vielen Ländern und aus ganz unterschiedlichen beruflichen, politischen, industriellen und kommerziellen Bereichen. Ich konnte nicht umhin zu bemerken, daß die Menschheit im allgemeinen – darunter verstehe ich Normalbürger von großem Wert und mit großer Erfahrung, aber geringem Einfluß – politisch nicht vertreten war, obwohl einige sich in Davos versammelt hatten. Es kam jedoch bei jedem Forum zu interessanten Diskussionen über ökologische Fragen und Umweltprobleme sowie andere Themen, die für die Zukunft der Menschheit von lebenswichtiger Bedeutung sind.

Meine lange Verbundenheit mit der UNESCO, die mit meiner Freundschaft zu Julian Huxley und all dem begann, was ich in meiner sechsjährigen Amtszeit als Präsident des International Music Council zu erreichen versuchte, habe ich bereits beschrieben. Diese Aufgabe endete 1982, doch auch in der Folgezeit begegnete ich den Männern und Frauen der verschiedensten ethnischen Gruppen immer mit Respekt und Interesse, wenn ich durch die Korridore des UNESCO-Hauptquartiers in Paris streifte. Die Organisation hat sich der Menschheit als ganzer verschrieben, aber leider wußten die Großmächte die vitale Bedeutung der Tatsache, daß die UNESCO sich aus der Machtpolitik heraushält, nicht zu schätzen. Hohe Führungspositionen wurden mit unter politischen Gesichtspunkten ausgewählten Leuten besetzt, und unvermeidlich litt darunter der Ruf der UNESCO. Zweifelsohne gab es dort Vetternwirtschaft und Bürokratismus; dennoch leistete sie auf der ganzen Welt wertvolle Arbeit. Es stimmte mich traurig, als Anfang der achtziger Jahre die Vereinigten Staaten der UNESCO ihre Unterstützung entzogen, und ich bedauerte, daß Großbritannien sich diesem Vorgehen anschloß. Ich glaube nach wie vor an die zukünftige Bedeutung der Vereinten Nationen im allgemeinen und der UNESCO im besonderen; 1992 übernahm ich mit Freuden die Rolle eines UNESCO-Botschafters des guten Willens. Ich bin stolz darauf, diese Organisation zu vertreten und mich für sie einzusetzen, wann immer ich kann.

In meinem Leben als Musiker gab es viele besondere Anlässe, bei denen ich darum gebeten wurde, wichtige Ereignisse oder herausragende Persönlichkeiten zu würdigen oder – wie in letzter Zeit leider nur zu oft – ihrer zu gedenken oder sie zu betrauern. Ich habe gezögert, sie an dieser Stelle aufzuzählen, aus Furcht, dem Leser zuviel zuzumuten, aber ein Ereignis des letzten Jahres verdient dennoch besondere Erwähnung. Im Juni 1995 kehrte ich nach San Francisco zurück, wo ich fünfzig Jahre zuvor bei einem Konzert zur Eröffnungsfeier der Unterzeichnung der UN-Charta gespielt hatte; diesmal sollte ich das Royal Philharmonic Orchestra dirigieren, das für ein Galakonzert am Vorabend des fünfzigsten Jahrestages der Gründung der Vereinten Nationen ausgewählt worden war. Ich bekam Gelegenheit, eine Rede zu halten, und so konnte ich meine Ansichten äußern wie auch mit dem UN-Generalsekretär Boutros Boutros-Ghali bestimmte Probleme diskutieren. Ich tadelte die reichen Nationen der Welt, daß sie den Vereinten Nationen ihre Unterstützung versagten, appellierte an die Vereinigten Staaten und Großbritannien, sich der UNESCO wieder anzuschließen, und setzte mich für ein »globales Gewissen« angesichts der Probleme der Welt ein. Am Schluß erhoben sich wie auf Kommando sämtliche Zuhörer, darunter der damalige polnische Präsident Lech Wałęsa sowie Prinzessin Margaret. Nie hat eine Ovation mich so sehr gefreut, denn sie symbolisierte, so hoffe und glaube ich, ein grundsätzliches Bekenntnis zum internationalen Miteinander und zum Frieden. Mich stimmte nur traurig, daß Diana nicht bei mir sein konnte, vor allem weil sie mir bei meiner Rede geholfen hatte, wie sie dies so oft und auf so kluge Weise tut, aber meine Familie und unsere seit langem währende Verbundenheit mit San Francisco wurden äußerst passend durch meine neunundneunzigjährige Mutter repräsentiert, die in der ersten Reihe saß.

Ein weiterer Höhepunkt in meinem öffentlichen Leben war die Verleihung des Wolf-Preises in Israel im Mai 1991. Dieser Preis, wahrscheinlich der wichtigste, den Israel zu vergeben hat, gibt dem so Geehrten die Möglichkeit, in der Knesseth zu sprechen. Mit Freuden akzeptierte ich diese Ehre – wie hätte ich auch einer solch günstigen Gelegenheit widerstehen können –, zumal ich 1950 von dem damaligen Terroristen Menachem Begin einen Brief erhalten hatte, in dem mir der Tod angedroht wurde, falls ich Israel besuchte. Überflüssig zu sagen, daß ich damals diese Drohung ignoriert hatte und seitdem viele Konzerte in diesem musikalischsten aller Länder gegeben habe; dennoch verlieh die Begegnung mit einem Mann, der mittlerweile ein äußerst respektabler Premierminister geworden war, dem Ganzen eine besondere Würze. Am Abend vor meiner Rede war Diana eine große Stütze für mich. Sie ging die Rede mit mir durch und gab mir wichtige Ratschläge. Genauso hatte sie mir in ähnlich schwierigen Situationen viele Jahre zuvor in Berlin und Moskau zur Seite gestanden.

Ich habe immer der Ansicht zugeneigt, es gebe Hoffnung für Terroristen, und finde, wir sollten ihnen einen gewissen Idealismus zugute halten; wir sollten die Gründe dafür analysieren, warum sie zum Mittel der Gewalt greifen, und zugeben, daß ihre fehlgeleitete Leidenschaft die Bereitschaft in sich schließt, sich selbst zu opfern. Wäre Begin nur so klug gewesen, zum Telephon zu greifen, Jassir Arafat anzurufen und zu sagen: »Hören Sie, ich war auch Terrorist, und ich kann Ihnen versichern, es gibt eine andere, bessere Art zu leben. Lassen Sie uns zum Wohl unserer Völker zusammenarbeiten; das könnte uns viele Jahre des Leidens ersparen.« Er tat es jedoch nicht, obwohl er sich später mit Anwar es-Sadat den Friedensnobelpreis teilte; letzterer bezahlte für seine Bemühungen allerdings mit dem Leben. Sadat war ein mutiger Mann, der allein nach Israel kam und gehört zu werden verlangte.

In meiner Rede vor der Knesseth legte ich meine unbestreitbaren Referenzen dar: meine Abstammung von einer chassidischen Sekte, in der das Rabbineramt vererbt wurde, meine nachweisliche Unterstützung und Förderung all der außergewöhnlichen Leistungen, die Israel vollbracht hat, sowie meine Vertrautheit mit der internationalen jüdischen Gemeinschaft, die sich aus meiner musikalischen Laufbahn ergab. Des weiteren sprach ich von der meines Erachtens einzig möglichen Garantie für ein langfristiges Überleben der Juden in Israel: einer Konföderation von friedlich nebeneinander koexistierenden Kulturen nach Schweizer Vorbild, mit Jerusalem als gemeinsam verwalteter Hauptstadt des Ganzen. Nach meiner Ansprache, die bei der einen Hälfte der Zuhörer jubelnden Beifall auslöste, während die andere in Schweigen verharrte, schüttelte ich den Führungspersönlichkeiten von Staat und Parlament, die auf dem Podium saßen, die Hand. Selbst Begin sah sich gezwungen, aufzustehen und mir, wenn auch widerstrebend, die Hand zu geben.

Am Tag zuvor hatte ich alles daran gesetzt, Ostjerusalem und einige Städte und Siedlungen der Westbank zu besuchen. Zu jener Zeit war Arafat der unbestrittene Held aller Palästinenser, und die Zeichen einer inakzeptablen Härte der israelischen Besatzungsmacht waren so unübersehbar, daß ich als Jude entsetzt war. Die Zerstörung von

Dörfern, die Entführung von Kindern, das Schließen von Schulen sowie Massenverhaftungen, all das waren unnötige Akte der Grausamkeit und Provokation, die die Verhältnisse verschlimmern mußten. Ich sorgte dafür, daß die mit dem Wolf-Preis verbundene Geldsumme an eine Reihe von israelischen Freiwilligenorganisationen verteilt wurde, die sich dem juristischen Schutz und der Unterstützung der Palästinenser sowie der Ausbildung ihrer Kinder widmen.

Am nächsten Tag fuhren wir in einem nicht klimatisierten Ostjerusalemer Wagen (da ich weder ein offizielles noch ein Militärfahrzeug benutzen wollte) zur Allanby-Brücke – der Grenze zwischen Israel und Jordanien –, durch die Westbank (wo wir eine Schule für die Söhne palästinensischer Märtyrer besuchten – wunderbare Jungen, hätten sie sich nicht einer Rachemission verschrieben) zur Residenz Kronprinz Hassans von Jordanien. Dies bot mir zum ersten Mal Gelegenheit, mit König Hussein zusammenzutreffen. Nie werde ich seine herzlichen Worte vergessen, als er erklärte, sein schönster und größter Traum sei ein semitischer Völkerbund.

Im November 1994, nur wenige Wochen, ehe wir in Buenos Aires eintrafen, waren dort sechsundneunzig Menschen bei einem grauenhaften Bombenanschlag auf ein jüdisches Kulturzentrum ums Leben gekommen. Die Juden der Stadt reagierten daher besonders sensibel auf die Ankunft eines Juden, der den *Messias* dirigieren sollte. Die Oratorien von Händel, Mendelssohn und Brahms, die auf biblischen Ereignissen gründen, sind mir sehr teuer. In meinen Augen stellen sie eine Fundgrube wahrer und bemerkenswerter Aussagen über die Natur des Menschen dar, ob Christ oder Jude. Die großen Propheten, Elias und Jesus, die eine Lehre vertraten, die ihre Wurzeln im Alten Testament hat, im Neuen jedoch umformuliert wird; diese moderne Lehre, die statt Strafe Erlösung durch Reue und Vergebung predigt, hat mich immer schon fasziniert. Eines der großartigsten Bücher zu diesem Thema wurde von einem Mann geschrieben, den ich schon früh zu meinem Lieblingsphilosophen gemacht hatte, Constantin Brunner (ein Pseudonym; sein eigentlicher Name war Leopold Wertheimer), einem Berliner Juden, der Spinoza sehr schätzte. Ich halte sein Buch *Unser Christus* für eines der anregendsten Bücher, die ich je gelesen habe. Dank der Unterstützung von verschiedenen Seiten, insbesondere von Günter Henle, einem deutschen Freund, der ein hervorragender Musikverleger und, mit dem Vermögen der deutschen Stahlkonzerne hinter sich, ein großer Förderer der Künste ist, konnte das Buch in englischer Übersetzung erscheinen. Ich hatte ihm gegenüber lediglich die Tatsache erwähnt, daß die Nazis Brunners Bücher verbrannt haben und die Deutschen es der Menschheit daher schuldig seien, sie neu verlegen zu lassen, und sofort reagierte er.

Eines der bewegendsten Oratorien überhaupt ist *Der Messias*, den die Engländer so sehr schätzen; sein Komponist war auf ganz ähnliche Weise wie nach ihm Haydn von den Briten »adoptiert« worden. Am meisten liebe ich am *Messias*, wie auch an Brahms' *Requiem*, daß das Werk Texte aufgreift, die der Komponist ausgewählt hat, und sich nicht an die übliche Textabfolge einer offiziellen Messe hält. Händel nimmt uns an der Hand und führt uns in einer magischen Kontinuität von Hoffnung und Mysterium, Tragödie und Jubel vom Alten zum Neuen Testament. Dieses Meisterwerk enthält nichts, dem man nicht aus vollem Herzen zustimmen könnte. In der teilweise als szenische Aufführung konzipierten Fassung, die ich bevorzuge und die von dem polnischen Regisseur Ryszard Peryt stammt, beginnen wir in uralter Zeit mit dem Symbol der Pyramide; für die Abschnitte aus dem Alten Testament bedienen wir uns eines siebenarmigen jüdischen Leuchters, auf den im zweiten und dritten Teil das Kreuz folgt. Zutiefst achte ich das Kreuz als Mahnmal für menschliches Leid, als Symbol für unser Bedürfnis, dieses Leid zu verstehen, und für unsere Pflicht, es zu lindern; das Zeichen selbst halte ich jedoch für bedrückend, vor allem wenn es den nackten, gequälten Leib des edelsten aller Juden trägt – Jesus.

Der Kandelaber als Symbol weist über den Menschen hinaus. Er steht für Licht und Feuer. Das Kreuz repräsentiert eine menschliche Form des Leidens, das sich durch die Jahrhunderte fortsetzt. Es ist dies vielleicht eine ziemlich subjektive Haltung: Auf dieses Zeichen menschlicher Grausamkeit reagiere ich nicht mit natürlicher Zuneigung oder Anteilnahme. In Kirchen und Kathedralen habe ich oft Konzerte mit Solosonaten von Bach gegeben, darunter eines im Münster von Basel, einer Stadt, die ich näher kennenlernte, als ich 1929/30 dort lebte. Es handelt sich um eine großartige, strenge protestantische Kathedrale. Beim Spielen sah ich mir gegenüber ein riesiges Kreuz mit dem geschundenen Leib Christi. Wenn ein Musiker Bach spielt, muß er sich darüber im klaren sein, daß in dieser Musik kein Platz ist für Selbstausdruck oder Schwelgerei: unser

Schmerz ist Sein Schmerz, und Er leidet für uns alle. Daher sind alle Formen eines übersteigerten Romantizismus und persönlich gefärbte Glissandi völlig unangemessen und zeugen von äußerster Geschmacklosigkeit. Ich spielte so einfach und klar, wie ich nur konnte, für den Sohn Gottes und das große christliche Symbol der leidenden Menschheit. Für mein Gefühl ist jeder Mensch der Sohn Gottes. Jahrhunderte hindurch haben die Juden ihr eigenes Kreuz standhaft getragen. Ob aus religiösen, rassischen oder politischen Gründen, immer gab es scheinbar triftige Anlässe, Rechtfertigungen und Gelegenheiten für eine Diskriminierung; man möchte jedesmal beten, dieses letzte Aufflackern des Antisemitismus möge wirklich das letzte sein. Allerdings fürchte ich, es wird ein weiteres geben und vielleicht noch eines. Oder ruft gerade jene Sehnsucht der Juden, der Verfolgung ein Ende zu machen und eine bessere Welt zu schaffen, den Haß und Zorn einer Welt hervor, die nicht auf ihre rituellen Blutbäder verzichten möchte? Daher bin ich der Überzeugung, die Ermordung des mutigen Soldaten des Friedens Yitzhak Rabin unterstreicht noch die Tatsache, daß die Mission Israels sich von der territorialen Absicherung zu einem moralischen Auftrag zur Versöhnung zwischen Gruppen, die zu Feinden gemacht wurden, verlagert hat. Eine dringliche Mission, die als ein Beispiel für Licht, den Kandelaber, die Aufklärung der Menschheit dienen kann.

Wird Israel heute, da aus Furcht vor den muslimischen Fundamentalisten bereits der nächste Heilige Krieg bevorsteht, sich als Schiedsrichter und Führer auf dem ökumenischen Weg verhalten, der seine Nachbarn auf einer höheren Ebene in die Arme schließt, oder wird es sich mit den Christen zu einer unheiligen Allianz gegen die Muslime verbünden?

Das Gefühl, Jude zu sein, wird durch zweierlei verstärkt: Achtung vor der Heiligen Schrift sowie ihren Kommentaren im Talmud und die Tatsache der Verfolgung – denn was sonst verbindet eine im Grunde in sich so verschiedenartige Gruppe von Menschen? Wir wissen, daß in einem kleinen jüdischen Viertel in Jerusalem mehr Menschen unterschiedlicher blutsmäßiger Herkunft leben als auf irgendeinem anderen vergleichbaren Flecken Erde, groß oder klein, in der ganzen Welt. Die Geige scheint ein typisch jüdisches Instrument zu sein. Aber wahrscheinlich werden in Zukunft die Japaner, die Chinesen und die Koreaner die Kunst des Geigenspiels und unsere westliche klassische Musik feiern und weiter pflegen; sie könnten durchaus zu den Verteidigern europäischer Werte, ja sogar des »jüdischen Erbes« werden. Der Gedanke ist verlockend, ein universeller Glaube könnte letztendlich den Gott Abrahams, den Sohn Gottes und andere Religionen, selbst den Buddhismus, in sich aufnehmen und zu der Überzeugung, zu dem moralischen Imperativ führen, der anerkennt, daß »Omnia Animat«, alles beseelt ist (so Brunners Worte), daß die gesamte Schöpfung, einschließlich eines jeden von uns, von einem Geist beseelt ist – unser Gewissen wie auch unser Bewußtsein legen Zeugnis davon ab, daß wir dem Einen angehören –, der uns in die Lage versetzt, in der alten jüdischen Tradition des mystischen Kommunizierens mit dem Anderen unmittelbar und ohne Vermittler mit Ihm in einen Dialog zu treten, so wie wir dies über unser Gewissen untereinander können. »Omnia Animat« ist das Gegenteil aller Lehren der Ausschließlichkeit, aller Lehren, die Überlegenheit für sich beanspruchen, aber auch der Garant einer unendlichen Vielfalt.

Vielleicht wecken die Juden eines Tages, in ferner Zukunft, keine solchen gemischten und feindseligen Gefühle mehr. Man denkt an den Juden Jesus, der gezwungen wurde, auf seinem Weg nach Golgatha die zwölf Kreuzwegstationen hinter sich zu bringen – und man denkt an die Lager in Sibirien und an die Gaskammern von Auschwitz. Die biblischen Worte, die im *Messias* in so bewegende musikalische Momente übersetzt sind, werden für immer in meinem Gedächtnis haften bleiben: »He looked for some to have pity upon Him, but there was no man, neither found He any to comfort Him... He was cut out of the land of their living; for the transgressions of Thy people was he stricken.« (Er schaute umher, ob ein Mitleid sich regte; aber da war keiner, da war auch nicht einer, zu trösten ihn... Er ist dahin aus dem Land des Lebens, der um die Sünde seines Volkes ward geschlagen.) Und so geht es weiter, immer weiter: für Araber, Mexikaner, Vietnamesen und Afrikaner ebenso wie für Juden. Ist die Menschheit verloren, oder können wir uns durch etwas anderes als durch Rache erlösen? Ist das die einzige Möglichkeit zu überleben? *Ganz gewiß nicht.*

Merkwürdigerweise stehen die Juden in einigen ihrer Anschauungen und Erfahrungen den Asiaten näher als den Christen. Genausowenig wie die asiatischen Gläubigen malen sie sich so etwas wie einen Himmel oder eine Hölle aus. Es gibt Strafe, natürlich, aber leider kein personales Weiterleben inmitten tanzender Mädchen. Sie geben sich keinen Phantasievorstellungen hin, sondern neigen einer abstrakten Philosophie zu, die Laotse (einem anderen geistigen Mentor von mir) näher ist als dem Katechismus der Kirche. Er sucht ewig nach Wahrheit und ergeht sich in spekulativen Gedanken, während er sich allmählich, ohne Vermittler, dem entkörperlichten Schöpfer annähert.

Selbstverständlich gab es bis vor etwa hundert Jahren eine blühende jüdische Kolonie in China (und auch in Japan). Von der Physiognomie her ähnelten sie den Chinesen, in Japan den Japanern, dennoch waren sie Juden und praktizierten die Religion des Alten Testaments; sie hatten einen Tempel und waren ebenso jüdisch, wie der Muslim in Xian muslimisch ist und sich zum Gebet nach Mekka neigt, um körperlich und geistig nach Mekka zurückzukehren.

Sooft ich von Juden spreche, muß ich automatisch an ihre Brüder in der Verfolgung denken, die Sinti und Roma. Sie sind die letzten noch existierenden Nomaden und stammen aus einer voragrarischen Welt, in der man ständig unterwegs war, entweder auf jahreszeitlich bedingten Wanderungen mit seinen Herden oder in langen, steten Reisen um den ganzen Erdball. Ehe man Felder bestellte und Privateigentum die Quelle von Nahrung und Reichtum wurde, war der Nomade die Regel. Als geschickter Jäger, den es in ferne Gegenden zieht, kennt er kein Privateigentum, ebensowenig wie die Indianer sich vorstellen konnten, privat Land zu besitzen. Er betrachtet es als eine Last, eine Fessel, ein schreckliches Hindernis zwischen sich und der Freiheit. Er und seine Familie sind der Erde und den Sternen vermählt. Freiheit, sich ungehindert zu bewegen, wie auch Freiheit des Denkens waren immer verdächtig.

Die Sinti und Roma verfügen über eine erstaunliche Menschenkenntnis. Ihre Fähigkeit, auf völlig Fremde zuzugehen, ihnen ihre Zukunft vorherzusagen und sich um ein paar Pfennige reicher davonzumachen, ist ein großes, durch lange Übung kultiviertes Talent, das man ihnen nicht zur Last legen sollte. Der abwechslungsreiche, anpassungsfähige Lebensstil der Sinti und Roma, mit allem Drum und Dran wie Musik, Tanz, Geige oder Gitarre, ist in meinen Augen eines der faszinierendsten menschlichen Phänomene. Sooft ich von Kulturen spreche, schließe ich die Sinti und Roma mit ein, so wie ich überhaupt alle jene mit einbeziehe, die nicht lesen und schreiben können und nur über ein mündlich überliefertes Wissen verfügen. Seit jeher ist dies meine Überzeugung: Europa wird erst dann eine wahre Gemeinschaft von Kulturen sein, wenn die Zigeuner ungehindert von der Türkei nach Irland wandern können.

*****

Als ich 1993 einen Brief von Premierminister John Major erhielt, ob ich bereit sei, Mitglied des House of Lords zu werden, empfand ich – das gestehe ich – ein Gefühl tiefer Dankbarkeit und Freude. 1965, als ich in den Adelsstand erhoben wurde, und 1987, als die Königin mir den Order of Merit verlieh, hatte ich mich geehrt gefühlt. Wie der Leser inzwischen sicher gemerkt hat, bewundere ich seit langem das Volk der Briten und ihren ausgeprägten Sinn für Tradition und Zeremoniell. Meine Vorbehalte gegenüber politischen Systemen tun meinem Respekt vor einer

Körperschaft von Männern und Frauen, die ausgewählt wurden, um aufgrund anderer und zusätzlicher Kriterien als der Gunst der Wähler ihrem Land zu dienen, keinen Abbruch. In gewisser Weise schien mir das Angebot der Peerswürde eine Bestätigung des ungebrochenen Vertrauens zwischen mir und den Briten, das sich im Lauf vieler Jahre infolge meiner langen Verbundenheit mit London, meiner Arbeit in meiner Schule und anderen Körperschaften und meiner ziemlich langen Erfahrung mit dem Leben in Großbritannien entwickelt hat. Ein gewisses Glücksgefühl stellte sich nicht zuletzt deshalb bei mir ein, weil Diana und ich nun etwas teilen konnten, das mehr mit ihrer als mit meiner Geschichte zu tun hat. Nicht der Titel zählt, sondern die Möglichkeit, sich einer Gruppe von Menschen anzuschließen, denen nicht durch unmittelbar anstehende Probleme die Hände gebunden sind, die es sich leisten können, langfristig vorauszudenken, und dies zum größten Teil auch tun.

Meiner Ansicht nach verdiente das House of Lords noch höhere Wertschätzung, wenn es völlig unabhängig von den Parteien wäre. Allerdings üben die Parteien keinen Zwang aus, da die Lords keine Angst davor haben, ihre Stelle zu verlieren. Ein beträchtlicher Teil der Mitglieder des House of Lords sind Parteilose, Leute, die sich weigern, mit einem politischen Etikett versehen zu werden. Zudem gehören die Parteilosen auch nicht der Sondergruppe der Prälaten an, die für die Sanktionierung der engen Verbindung zwischen Kirche und Staat steht. Ich begrüße die Absicht von Prinz Charles, der, wenn er König wird – und meiner Ansicht wird er ein sehr guter König werden –, versuchen will, die

Achtung aller Glaubensrichtungen zu fördern und dies nicht auf eine besondere Kirche zu beschränken. Ich glaube, der maßgebliche Glaube sollte ein umfassender sein, wie ich ihn weiter oben beschrieben habe. Dies wäre aus vielerlei Gründen eine gute Maßnahme. Es würde eine modernere Auffassung des uralten, ewigen Glaubens fördern, die künstlichen Unterteilungen innerhalb der Glaubensrichtungen beseitigen, die erfunden wurden, um die verschiedenen Kirchen zu unterscheiden; es würde den Menschen unterschiedlichster Herkunft Zugang zum religiösen Leben in Großbritannien verschaffen, und zwar in jeder gewünschten Form. Ich selbst habe Hochachtung vor allen großen Religionen; ich kann jeden individuellen Beitrag – sei er jüdisch, christlich, muslimisch, buddhistisch oder, wie ich oft schon gesagt habe, animistisch – akzeptieren. Aber ich bin nicht in der Lage, das eine Symbol über ein anderes zu stellen. Allerdings ist zu diesem Zweck die Entwicklung eines zeitgemäßen Glaubens erforderlich, der den Menschen als Teil allen Lebens und an allem Leben teilhabend anerkennt – verantwortlich für die Zukunft der Natur und des Menschen. In kirchlichen Kreisen findet bereits eine Diskussion darüber statt, das Konzept von Sünde auf das Sündigen wider die Natur und die Ökologie auszuweiten und auf diese Weise von neuem zu den Vorstellungen der Animisten und Druiden zurückzukehren und sie in sich aufzunehmen.

Seit meiner Erhebung in den Peersstand sah ich mich, zu meiner nicht unbeträchtlichen Überraschung, mit dem Entwurf eines passenden Wappens beschäftigt. Zum ersten Mal war davon vor mehr als zwanzig Jahren die Rede ge-

wesen, als man mir die Schweizer Staatsbürgerschaft ver-
liehen hatte. In der kleinen Stadt Grenchen, der Gemeinde
im Kanton Solothurn, zu der ich »offiziell« gehöre, hängen
im Rathaus die Wappen der angesehensten Familien, von
denen einige auf eine sieben- bis achthundertjährige Geschichte zurückblicken, auch wenn sie sich in keiner Weise
von ihren ebenso hart arbeitenden Mitbürgern unterscheiden. Ich war entzückt, als man mit der Bitte um ein Wappen
an mich herantrat, und hatte durchaus die Absicht, ihr
nachzukommen, aber irgendwie geschah in den darauf folgenden Jahren nichts in dieser Richtung.

Dann erhielt ich die Peerswürde, und ungefähr ein Jahr
lang machte ich mir Gedanken über einen passenden Entwurf. Es fanden Besprechungen mit dem obersten Wap-
penherold über meine Interessen und Bindungen statt;
verschiedene Symbole – außer musikalischen – wurden in
Betracht gezogen: Yoga? Schwäne? Indianer? Zigeuner?
Nach ein oder zwei mißglückten Ansätzen fiel die Aufgabe, das richtige Wappen für mich zu entwerfen, My-
fanwy Pavelic zu, der angesehenen und talentierten kana-
dischen Malerin, die mein Porträt in der National Portrait
Gallery gemalt hat.

Ihr war gar nicht klar gewesen, was für detaillierte Regeln bei der Formulierung der Inschrift und der Farbge-
bung des Wappens zu beachten sind. So sind zwei beschüt-
zende Vögel Vorschrift; ich weigerte mich entschieden, auf
meinem Wappen Adler oder irgendwelche anderen Raub-
vögel abzubilden. Schwäne oder auch Enten hätten mir zugesagt; die waren jedoch nicht erlaubt. Schließlich entschieden wir uns für zwei Phönixe, die böse genug drein-

schauten, um akzeptabel zu sein. Auf dem Wappen sind nun auch Geigensaiten, Schriftrollen und Brücken zu sehen, zwei Hände, die einen Erdball halten – dies bedeutet Ehrfurcht vor dem Leben –, ein hölzerner Pflug – das Emblem von Grenchen –, die bunte Fahne der Zigeuner, ein äußerst modernes Symbol der Freiheit, sowie ein siebenarmiger jüdischer Leuchter. Außerdem nahmen wir die hebräischen Worte für Wissen, Verständnis und Weisheit auf, drei von meinen chassidischen Vorfahren verehrte Tugenden, sowie die Worte Glaube, Hoffnung, Liebe, ebenfalls in Hebräisch, meiner ursprünglichen Sprache. Ein Exemplar des Wappens hängt im Rathaus von Grenchen, ein weiteres soll bald im House of Lords in London hängen. Die Lords haben es sich schließlich selbst zuzuschreiben, wenn sie einen umherstreifenden Fiedler zu ihren erhabenen Versammlungen eingeladen haben.

Schlußbemerkung

Als ich neulich bei der morgendlichen Versammlung in meiner Schule in Surrey das Wort ergriff, wie ich das gelegentlich gern tue, und ein paar Gedanken zur Religion äußerte, war ich überrascht von dem Interesse und der Reaktion der Schüler. Ich hätte nicht gedacht, daß das, was ich sagte, eine spezielle Saite in den Kindern zum Klingen bringen würde. Diese Versammlungen sind, angesichts der unterschiedlichen Glaubensrichtungen und der Herkunft der Schüler, bewußt nicht religionsgebunden. Wer einmal in der Woche an einem Gottesdienst – welcher Art auch immer – teilnehmen will, dem steht dies natürlich frei, aber jeden Morgen konzentrieren wir uns, ehe wir mit der Arbeit beginnen, auf drei Dinge, die ich von grundlegender Bedeutung für eine Anrufung Gottes und das Beten halte: Singen, einen zum Nachdenken anregenden Text und Schweigen. An jenem Morgen erzählte ich ihnen kurz etwas von den Ursprüngen des Glaubens, von der geheimnisvollen Aufeinanderfolge von Geburt und Tod und sprach dabei Fragen an, auf die es keine Antwort geben kann, denen die Menschheit sich jedoch unablässig über Rituale und Symbole zu nähern versucht. Ich legte dar, wie überwältigend und universell unser Bedürfnis ist, an eine Kontinuität und einen Sinn des Lebens zu glauben, und wie wichtig Religion sein kann, wenn sie uns nach dem Tod eines geliebten Menschen tröstet.

Die nachhaltige Reaktion der Schüler auf das, was ich sagte, enthüllte eine unerwartete Tiefe des kindlichen Innenlebens. Wie schon gesagt, gehöre ich keiner speziellen Glaubensrichtung an, habe jedoch größte Hochachtung vor allen religiösen Lehren. Anfang der neunziger Jahre bat man mich, an der katholischen Universität Löwen zu sprechen. Plötzlich stellte ich fest, daß ich eine für mich ganz charakteristische Art von Gebet niederschrieb. Es nennt keinen Gott: Es drückt meine Hoffnungen und innersten Überzeugungen aus, so gut ich das vermochte (abgedruckt in diesem Buch auf S. 154ff.). Früher oder später wird aus jeder Geburt ein Tod. Manchmal beneide ich die Wüstenvölker um ihre einfache Lösung: Sie überlassen ihre Leichen, in Weiß gehüllt, den wilden Tieren und den Elementen. Was mich selbst betrifft, so habe ich in Notizen meine persönlichen Wünsche dargelegt; sie gründen in der Vorstellung eines fröhlichen Picknicks an einem Flußufer. Schon allein der Gedanke an Särge und Kirchen, an Feuer, Grabplatten und Gedenksteine und irgendwelche Zeremonien ist mir ein Greuel. Ich ziehe etwas vor, das mich möglichst schnell zu den Quellen des Lebens zurückbringt, begleitet von Volksmusik und Tanz. Wenn denn Reden sein müssen, dann sollten sie von Menschen gehalten werden, die mich gut gekannt haben. Der Aufwand und die Kosten wären äußerst gering, und das auf diese Weise gesparte Geld soll direkt in meine Schulen fließen. Zurück zur Erde, unter einem Baum, in einem Fluß, das ist es, was ich mir wünsche.

Bis dahin ist jedoch noch viel zu tun. Es sind nach wie vor Kämpfe auszutragen, die alle mit dem großen, allgemeinen Kampf für Gerechtigkeit und Frieden zusammenhängen. Ich plane noch einige praktische Unternehmungen, die helfen sollen, auf der Grundlage gegenseitiger Achtung und des Bedürfnisses nach Mitmenschlichkeit das Vertrauen zwischen den Menschen wiederherzustellen. Dann sind da noch meine Verpflichtungen musikalischer, erzieherischer, politischer und humanitärer Art. Ich weiß, ich bin nicht unsterblich, und da die Zeit, die ich mit Diana, meinen Kindern und Enkelkindern und in Gesellschaft von Freunden verbringe, mir immer kostbarer wird, werde ich ganz allmählich versuchen, einige Verantwortung abzugeben, wenn die Zeit reif ist. Aber gegenwärtig, da ich dies schreibe, erstrecken sich die Verpflichtungen, nach denen ich froh und dankbar mein Leben richte, noch weit in die nächsten Jahre. Meine Reise scheint noch nicht ganz vollendet zu sein, und ich hoffe, andere werden, durch zahllose kommende Generationen, den Pfaden folgen, die ich abgesteckt habe.

Gebet

An Dich, den ich nicht kenne noch erkennen kann – der in mir ist und jenseits von mir – an Den mich Liebe, Furcht und Glaube binden – an den Einen und Mannigfaltigen –, richte ich dieses Gebet:

Führe mich zu meinem besseren Ich – hilf mir, ein Mensch zu werden, dem alles Lebende Vertrauen schenkt, Tiere und Pflanzen, auch die Luft, das Wasser, die Erde und das Licht, die diese alle am Leben erhalten, bewahre mich als einen, der Geheimnis und Eigenart des vielfältigen Lebens in seinen einmaligen Erscheinungsformen und in seiner Gesamtheit achtet, ist doch alles Leben Urgrund des eigenen Überlebens.

Hilf, mir meine Fähigkeit zum Staunen, zur Begeisterung und Entdeckerfreude zu bewahren, gewähre mir, überall den Sinn für das Schöne zu wecken und mit anderen und für andere wie auch für mich selbst beizutragen zur Gesamtheit des Schönen, das wir sehen, hören, riechen, schmecken und tasten oder dessen wir auf andere Weise mit Geist und Seele bewußt werden; hilf mir, nie die lebensspendende Kraft zu verlieren, alles zu schützen, was atmet und hungert und dürstet; alles, was leidet.

Hilf mir, ein Gleichgewicht zu finden zwischen langfristigem Lohn und kurzfristiger Freude, während ich im Einklang bin mit den jeweiligen Werten und die dahinströmende Zeit geduldig die reiche Ernte der Bindungen, der Erfahrung, Erfüllung, Unterstützung und Anregung einbringen lasse.

Hilf mir, ein guter Sachwalter des Körpers zu sein, den Du mir gegeben hast. Es steht mir nicht zu, mit irgendeinem Leben nach meinem Belieben zu verfahren, nicht einmal mit meinem eigenen, ist es doch wie etwas, das meiner zeitweiligen Obhut anvertraut ist, damit ich es im bestmöglichen Zustand dem irdischen Kreislauf überantworte, auf daß anderes Leben fortdauere.

Also geschehe Dein Wille.

Die mich überleben, sollen nicht trauern, sondern fortfahren, zu anderen so hilfreich, gütig und weise zu sein, wie sie es zu mir waren. Auch wenn ich wünsche, ich könnte noch etliche Jahre die Früchte meines glücklichen und reichen Lebens mit meiner innig geliebten Frau, meiner Familie, der Musik, meinen Freunden, der Literatur und vielen Unternehmungen in dieser Welt der verschiedenen Kulturen und Völker genießen, so habe ich doch bereits so viele Wohltaten, so viel Zuneigung und Unterstützung erfahren, daß sie für tausend Leben genügten.

Gewähre mir, die Einheit in der Dreiheit in all ihren Erscheinungsformen zu sehen und zu fühlen, zu bedenken und zu verstehen:
– Geburt, Leben und Tod
– Schöpfung, Bewahrung und Zerstörung

- Mutter, Vater und Kind
- für das Kind: Mutter, Vater und Lehrer
- für die Eltern und Lehrer: Kind, Schüler und Gleicher
- Vergangenheit, Gegenwart und Zukunft
- Leib, Geist und Seele
- das Ich, die Familie und die Freunde
- Liebe, Gleichgültigkeit und Haß
- Geschick, Kunstfertigkeit und Kunst
- Festkörper, Flüssigkeiten und Gas
- Licht, Wärme und Klang
- Zeit, Raum und Subjekt
- Region, Staat und Staatengemeinschaft
- sowie viele andere Dreiheiten.

Hilf mir, bei allen Herausforderungen den »Trialog« und nicht den »Dialog« zu sehen. Hilf mir, weise über den Anteil an Freude und Schmerz zu entscheiden, über den zu verfügen mir zusteht.

Und gewähre mir schließlich – und ich bitte Dich, mich dabei vor Zorn und Verdammnis zu bewahren, mich selbst vor denen anderer und andere vor meinen –, ungestraft meine besonderen Abneigungen zum Ausdruck zu bringen:

Gegen jene, die zur Erlangung oder zum Mißbrauch von Macht oder Reichtum oder Überfluß – da ihnen die Fähigkeit zu einer höheren Stufe der Zufriedenheit mangelt – andere ausbeuten oder verderben, vom kleinlichen Bürokraten bis zum Ignoranten und von Vorurteilen Bestimmten; hilf ihnen, den Irrtum ihrer Lebensweise zu erkennen und Dir zu bekennen.

Erleuchte sie und mich und hilf uns, einander zu vergeben.

Hilf mir auch, bei den Feinden, die ich möglicherweise habe, zu unterscheiden zwischen jenen, die ich mir versöhnen kann, und jenen, bei denen dies nicht möglich ist, gib mir den Mut zu dem Versuch, erstere zu verstehen und die anderen daran zu hindern, mir zu schaden, von beiden zu lernen und mir keinen mit Absicht zum Feind zu machen.

Gewähre mir die Erleuchtung, zu der Du die Menschheit befähigt hast, und leite mich an, jene beispielhaften Menschen zu verehren und ihnen nachzueifern, die Deinen Geist in sich tragen – den Geist, der in uns allen und jenseits unser aller ist – den Geist des Einen und Mannigfaltigen – die Erleuchtung Christi, Buddhas, Laotses und der Propheten, Weisen, Philosophen, Dichter, Schriftsteller, Maler, Bildhauer, aller Schaffenden und Künstler und aller Selbstlosen, der Heiligen und der Mütter, der Bekannten und der Unbekannten, der Hohen und der Niedrigen, Männer – Frauen – Kinder, zu allen Zeiten und an allen Orten, deren Geist und Vorbild für immer bei und in uns bleiben mögen.

Personenregister

Arafat, Jassir 137f.

Bach, Johann Sebastian 17, 19,
  31, 37, 49f., 122, 141
Bächi, Richard 65f.
Bailey, Philip 99
Barloewen, Constantin von 130
Bartók, Béla 27, 29f., 40, 63, 93
Beethoven, Ludwig van 17, 26,
  31f., 40f., 51
Begin, Menachem 137f.
Beinum, Eduard van 32
Benthall, Dominic 90
Benthall, Jonathan 90
Benthall, William 90
Benthall, Zamira →Menuhin,
  Zamira
Biesenbender, Volker 81
Bimson, John 25f.
Bloch, Ernest 93
Bojarskaja, Natascha 75
Bonner, Jelena 125
Boult, Adrian 32
Boutros-Ghali, Boutros 136
Brahms, Johannes 29, 139f.
Britten, Benjamin 121
Brunner, Constantin 140

Casadesus, Jean-Claude 28
Caxton-Spencer, Nicky 99
Charles, Prinz von Wales 77,
  147
Chausson, Ernest 39
Chisholm, Nicolas 74
Coker, Paul 79

Coupland, Tim 99
Couvers, Michel 66

Debussy, Claude 40, 63
Doráti, Antal 21, 29f.

Ehrman, Sidney 33
Elisabeth II., Königin von
  Großbritannien und Nord-
  irland 132, 146
Enesco, Georges 21, 29, 32, 93

Fermoy, Lady 77
Foster, Lawrence 28f.
Fricsay, Ferenc 38
Furtwängler, Wilhelm 32

Glanville-Hicks, Peggy 55-57
Golden, Deirdre 98
Gorbatschow, Michail 123-126
Gould, Diana →Menuhin,
  Diana
Gould, Griselda →Kentner,
  Griselda
Grappelli, Stéphane 73, 80

Haitink, Bernard 32
Händel, Georg Friedrich 50,
  139f., 144
Harris, Ronald 78
Hassan, Kronprinz von Jorda-
  nien 139
Hauser, Clara 93
Hauser, Hephzibah →Menu-
  hin, Hephzibah

158